Oswalt Kolle Dr. Beatrice Wagner

SEX

Die 10 Todsünden

Inhalt

Die Quintessenz meines Lebens 4

Sprachlosigkeit .... Seite 6

Und ich hab immer gedacht, es wird schon noch 8
Es wäre vielleicht etwas zu retten gewesen 16
Was bedeutet »sich verlieben«, und wie entstehen
sexuelle Fantasien? 17
Wie Sie Ihrem Partner eine unbekannte Seite eröffnen 24

Beliebigkeit .... Seite 26

Auf Dauer störte es mich, einer von vielen zu sein 28
Niemand sollte den Partner dauernd auf den Prüfstand stellen 33
Was hat unser Selbstwertgefühl mit gutem Sex zu tun? 34
Wie Sie Ihrem Partner das Gefühl geben, einzigartig zu sein 40

Gekränktsein .... Seite 42

Der Grund für die Trennung war einfach verletzter Männerstolz 44
Er sollte dankbar sein, wenn eine Frau ihm genau sagt,
was sie im Bett möchte 51
Wie lange ist richtig, und was lehren die alten Bücher
der Liebeskunst? 53
Wie Sie den Orgasmus hinauszögern und damit die Lust steigern 59

Achtlosigkeit .... Seite 62

Wir vögelten, und sie sagte: »Ich bin gespannt,
was es morgen zu essen gibt« 64
Vielleicht macht sie sich wenig aus (dieser) Sexualität 67
Was haben Sex und Zärtlichkeit mit Achtsamkeit
dem Gehirn zu tun? 69
Wie Sie lernen, bei der Sache zu bleiben 72

Lüge .... Seite 76

Er nannte mich Königin seines Herzens 78
Dieser Mann wird mit seinen Lügen niemals aufhören 85
Warum ist die Unwahrheit so verletzend, und was ist Wahrheit? 86
Wie Sie in einer Partnerschaft am besten mit der Wahrheit umgehen 89

6 Besitzanspruch
Seite 92

Diese Umklammerung war unerträglich ... *94*
Sie hängt der Illusion einer allgegenwärtigen Liebe an ... *100*
Wie viel Freiraum brauchen wir, und was lernen wir vom
Stachelschwein? ... *102*
Wie Sie Nähe und Distanz miteinander in Einklang bringen ... *110*

7 Hygienezwang
Seite 112

Es war die perfekte Technik, aber ohne das gewisse Etwas ... *114*
Durch das Duschen will er den Sex ungeschehen machen ... *119*
Was haben Hingabe und Vertrauen mit Hirn und Hormonen zu tun? ... *122*
Wie Sie sexuelle Hingabe lernen können ... *126*

8 Vorurteil
Seite 132

Alle Klischees musste ich mit ihr durchackern ... *134*
Man muss erst loslassen, bevor sich eine neue Chance auftut ... *139*
Wie sieht der Sex von Senioren aus, und was sagt die Statistik? ... *142*
Wie Sie die Vorzüge des reiferen Alters beim Sex nutzen ... *149*

9 Eifersucht
Seite 152

Da war doch was, ich kenn dich doch ... *154*
Er hätte professionelle Hilfe in Anspruch nehmen sollen ... *160*
Erfüllt Eifersucht einen Zweck, und wo liegen ihre Wurzeln? ... *161*
Wie Sie Ihre Eifersucht analysieren und erträglich gestalten ... *167*

10 Überrumpelung
Seite 170

Ich wollte dich doch nur überraschen ... *172*
Ein außergewöhnlicher Vorschlag kann das Sexualleben
stark bereichern ... *179*
Was ist erotische Intelligenz, und wie wichtig ist Dynamik? ... *181*
Wie Sie angenehme Überraschungen in Ihre Beziehung bringen ... *183*

Nachruf ... *188*
Die Autoren ... *190*
Literatur ... *191*
Impressum ... *192*

Die Quintessenz meines Lebens

Ich habe in meinem Leben zwei große Beziehungen gehabt. Einmal mit meiner Frau Marlies und nun mit meiner Freundin José. Es sind zwei völlig unterschiedliche Geschichten.

Mit Marlies war ich fast 50 Jahre verheiratet. In den ersten Jahren ging es drunter und drüber: Wir liebten uns, schworen uns Treue, dann passierten Fehltritte, und es kam zu Schmerz, Tränen, Trennung und Versöhnung. Nach vier Jahren erkannten wir: So können wir nicht weitermachen. Aber wir wollten auch nicht aufeinander verzichten. Wir suchten nach unserem Motto und fanden es: »soziale Treue und sexuelle Freiheit«. Das war nicht leicht. Wir mussten gegen Eifersucht und Verlustangst kämpfen, gegen unsere Erziehung und gegen die herrschende Moral. Damit haben wir auch anderen Menschen viel zugemutet, aber es war unser Weg, der für uns stimmte, bis zum Tode meiner geliebten Frau.

Jetzt liebe ich anders, weil ich eine andere Partnerin habe. José ist für absolute Zuverlässigkeit, und wir halten uns die soziale und sexuelle Treue. Wenn mir eine attraktive Frau begegnet, die mir ihr Interesse signalisiert, dann lasse ich mich gerne auf den Flirt ein, aber ich sage auch klar, dass ich mich José zu verbunden fühle, um weiter zu gehen. Mein Lebenslauf führte also von der »freien Liebe« zur Monogamie, wo ich mich ebenfalls wohlfühle.

Wie soll man es nun mit Seitensprüngen halten? Die einen sagen: »Du sollst es mir nur dann erzählen, wenn der Seitensprung unsere Beziehung gefährdet.« Die anderen sind der Meinung: »Ich möchte gerne alles wissen, was du machst.« Und die dritten: »Ich kann es nicht verkraften, wenn du Sex mit jemand anderem hast. Bitte halte dich daran.« Es gibt also nur einen Weg zu einer glücklichen Beziehung: Zwei Partner müssen selbst herausfinden, wie sie es mit der Treue halten wollen. Und trotzdem sind gewisse Dinge immer gefährlich, in der Monogamie genauso wie in der freien Liebe. Das haben mir Zigtausende von Leserzuschriften klargemacht. Daraus haben wir für dieses Buch zehn Geschichten ausgewählt, welche die größten Gefahren für ein glückliches Sexualleben darstellen.

Nach jeder Geschichte äußere ich erst einmal ganz ehrlich und spontan meine Meinung unter der Überschrift »Oswalt Kolle ganz persönlich«. Es folgt dann jeweils ein Griff in die Schatzkammer der Wissenschaft. Diese Abschnitte habe ich wieder gemeinsam mit meiner Kollegin Beatrice Wagner verfasst, mit der ich seit vielen Jahren hervorragend zusammenarbeite. Wir wollten so möglichst objektiv die Hintergründe der jeweiligen »Todsünden« beleuchten. Tipps für die Leser, die den Todsünden nicht verfallen möchten, runden jedes Kapitel ab. Dieses Buch ist die Quintessenz meines Lebens. Ein weiteres Buch über Sexualität werde ich nicht schreiben. Hiermit habe ich nun alles gesagt, was es zu diesem Thema noch zu sagen gab.

Amsterdam, im September 2010
Oswalt Kolle

Sprachlosigkeit

Wer seine Vorlieben verschweigt und den anderen **im Dunkeln tappen** lässt, der begeht eine **Sünde.** Wer darüber hinaus keinen Einspruch erhebt, wenn die eigenen Wünsche und Bedürfnisse ignoriert werden, der macht sich einer Todsünde **schuldig.** Der Gedanke »Das wird schon noch werden« ist so viel wert wie eine mittelalterliche **Ablasszahlung.**

»Und ich hab immer gedacht, es wird schon noch«

Hamburg: Mareike (36)
machte sich Hoffnungen auf Gerd (52).

Dieser Tag fing nicht wirklich toll an. Ich hatte gleich morgens eine Absage auf eine Bewerbung erhalten. Da war ich schon einmal geknickt. Zwar habe ich einen Job – ich arbeite als Finanzberaterin von zu Hause aus –, aber ich wollte mich mit der Bewerbung verbessern. So ein Mist, dabei hatte ich fest mit einer Zusage gerechnet. Dann bekam ich noch zwei ärgerliche Telefonanrufe. »Auf die Arbeit kannst du dich jetzt sowieso nicht mehr konzentrieren«, dachte ich mir und beschloss, zum Friseur zu gehen. Ich erzähl das deswegen so ausführlich, weil ich an diesem Tag überhaupt nicht damit gerechnet hatte, dass mir ein toller Mann über den Weg laufen würde.

Da merkte ich, dass ich mich verliebt hatte

Es war viel los bei meinem Friseur, und ich musste ein bisschen warten. Neben mir saß ein Mann mit Jeans und weißem Hemd. Er blätterte in einer Zeitschrift. »Osttürkei: Wiege der Zivilisation«, stand da. Das war ja interessant. Erst neulich war ich in einer prähistorischen Ausstellung in Karlsruhe gewesen. »Gibt es da was Neues mit den alten Tempeln?«, plapperte ich einfach drauflos und deutete auf den Artikel. Normalerweise spreche ich Leute

1 Sprachlosigkeit

nicht einfach an, so aufdringlich bin ich nicht. Aber über die Grabungen wusste ich wirklich etwas zu sagen, und so kamen wir ins Gespräch.

Beim Haareschneiden ließen wir den Kontakt nicht abreißen. Immer wieder gegenseitige Blicke über den Spiegel. Irgendetwas war da zwischen uns. Und nicht nur das Interesse an alten Tempeln. »Ich hab noch ein Stündchen Zeit. Trinken wir etwas zusammen?«, fragte er anschließend und deutete auf den Gasthof nebenan. Ich konnte ihn zum ersten Mal genau anschauen. Er war schlank, hatte volles, aber leicht ergrautes Haar und ein Gesicht, das immer in Bewegung war. Sein Lachen kam von tief unten, und es klang herzlich.

Wir saßen an einem kleinen Bistrotisch bei einem Glas Wein. Er hieß Gerd, war Ingenieur und arbeitete in der Nähe. An diesem Tag hatte er früher Schluss gemacht. Seine Augen, die mir schon im Spiegel aufgefallen waren, schauten mich immer klar und direkt an. Ich war einfach hin und weg. »Die nächste Reise ist schon geplant«, erklärte er, »wir fahren morgen für drei Wochen zu den Grabungen in die Osttürkei. Die Ruinen von Göbekli Tepe, die du in Karlsruhe als Nachbau gesehen hast, besuchen wir auch.« – »Wen er wohl meint, wenn er ›wir‹ sagt?«, durchzuckte es mich. – »Ich fahr mit einem befreundeten Pärchen«, erklärte er mir. Ich war erleichtert. Da merkte ich, dass ich mich verliebt hatte.

Dann mussten wir aufbrechen. »Lass uns die Telefonnummern austauschen, ich zeig dir meine Reisefotos, wenn du willst«, schlug er zum Abschied vor. Und wie ich das wollte. Ich wollte es sogar so sehr, dass ich schon wieder etwas Ungewöhnliches tat. Wir standen sehr nah beieinander. Da gab ich ihm einen Kuss.

Einfach so. Auf die Lippen. Also keinen Zungenkuss oder so, aber trotzdem. Ich konnte gar nicht anders. Er drückte mich an sich, und das war ein ganz besonderer Moment. Richtig innig. Ich hatte von Anfang an das Gefühl, dass jemand Unsichtbares hier die Fäden zog und wir beide gar nicht anders konnten, als in vollem Tempo aufeinander zuzulaufen.

Er gab die Anweisungen, ich befolgte sie

Trotzdem war ich überrascht, als er mich kurz darauf zu Hause anrief. Seine Stimme klang ein bisschen atemlos und hatte einen anderen Klang. Ich stand ja selbst in Flammen, vielleicht klang meine Stimme deshalb auch einladend. Und was soll ich sagen, wir machten doch tatsächlich Telefonsex miteinander. Ich musste gar nichts weiter tun für unser Gespräch. Er gab die Anweisungen, ich befolgte sie.

Ich hatte schon einmal eine Wochenendbeziehung, da haben wir immer mal wieder Telefonsex gemacht. Deswegen war die Situation für mich nicht so ungewöhnlich. Ich kann nicht sagen, dass ich schon bei diesem Gespräch dachte, wir hätten unterschiedliche Vorlieben. Ich wusste nur, dass dieser Mann etwas ganz Besonderes an sich hatte. Aus der Türkei rief er mich regelmäßig an. Trotzdem waren die drei Wochen lang. Ich malte mir ein schönes, romantisches Wiedersehen aus, bei dem wir gemeinsam ausgehen, Wein trinken, uns dann endlich richtig küssen und wahrscheinlich auch miteinander ins Bett gehen würden. Aber sein Vorschlag lautete etwas anders: Ich sollte zu ihm nach Hause kommen. Er werde mir die Augen verbinden und mich fesseln, kündigte er an. Und dann mit mir schlafen.

1 Sprachlosigkeit

»Wieso fesseln?«, wollte ich wissen. – »Du wirst sehen, es wird dir gefallen. Ich tu nichts, was dir nicht gefällt, das ist versprochen.« Ich war für einen Moment ratlos. Da platzte dieser Mann in mein Leben, riss sämtliche Türen ein, und jetzt sollte ich mich fesseln lassen? Konnte ich ihm überhaupt vertrauen? Ich kannte ihn doch gar nicht. Ich wusste nicht, was ich tun sollte. Aber ich sagte zu.

Ich gab einer Freundin Gerds Adresse und Telefonnummer und versprach ihr, mich bis Mitternacht zu melden. Wenn nicht, sollte sie die Polizei rufen. Als ich zu ihm ging, war ich sehr aufgeregt und unglaublich scharf. *Ich würde Sex mit einem Mann haben, den ich nicht kannte und den ich nicht einmal sehen würde!*

Gerd empfing mich im Treppenhaus und legte mir eine Augenbinde um. Ich konnte nicht mehr den kleinsten Lichtstrahl sehen. Dafür arbeitete meine Fantasie umso lebhafter. In seiner Wohnung sollte ich mich nach vorne über eine Art Bock neigen. Es roch nach Leder. Was war das? Womöglich ein spezielles Fesselgerät? Ich war erregt und neugierig. Gerd drückte meinen Oberkörper herunter, schob meinen Rock hoch und befahl mir, mich nicht zu rühren. Und dann plötzlich, ganz unvermutet, gab er mir mit der Handfläche einen festen Schlag auf den Po. Es tat etwas weh, und ich zuckte zusammen. »Du sollst stillhalten«, befahl er und schlug mich zur Strafe auch noch auf die andere Pobacke. Mein Po begann zu glühen. Dann hörte ich ein Klicken. Machte er etwa Fotos von mir in dieser Situation? Jetzt band er meine Hände mit einem Klettverschluss an dem Gerät fest. Aber ich bemerkte erleichtert, dass

die Fesseln locker waren. Ich konnte mich also jederzeit befreien.
»Es ist nur ein Spiel. Und er weiß, dass es für mich neu ist«,
dachte ich erleichtert. Ich bemerkte, dass mich meine Wehrlosig-
keit erregte.

Als nächstes hörte ich das Geräusch eines Reißverschlusses.
»Zieht er jetzt seine Hose aus? Dringt er in mich ein?«, hoffte ich.
Ich spürte etwas Hartes und Kühles zwischen meinen Beinen.
»Spreiz die Beine«, befahl er mir. Dann drückte er den Dildo in
meine Vagina hinein. »Aber ich möchte doch lieber dich spüren«,
sagte ich erstaunt. – »Ich komme, wann ich möchte. Du hast
nichts zu sagen.« – Aha.

Ich war so scharf wie nie zuvor in meinem Leben

Wieder hörte ich das Klicken der Kamera. Er musste direkt hin-
ter mir stehen. Und dann war da ein leises Stöhnen. Was machte
er? Begann er auf meinen roten Po zu wichsen? Schritte. Ich war
mir plötzlich nicht sicher, ob er wirklich noch alleine war. Viel-
leicht war noch jemand in der Wohnung? Diese Unsicherheit
machte mich fast verrückt. Aber sie machte mich auch unglaub-
lich an. Ich war so scharf wie noch nie zuvor in meinem Leben.
Er nahm meinen Kopf und drehte ihn zur Seite. »Mach den Mund
auf!« Dann schob er seinen Schwanz hinein. Der schmeckte
unglaublich gut.

Ich weiß nicht, ob ich das Besondere dieser Situation rich-
tig beschreiben kann. Ich hatte diesen Mann erst einmal gesehen.
Wir hatten uns noch nicht einmal richtig geküsst. Und jetzt lag ich
gefesselt in seiner Wohnung und machte Oralsex mit ihm. Es war
unglaublich.

1 Sprachlosigkeit

Dann bearbeitete er mich mit dem Dildo, bis ich zum Höhepunkt kam. Manchmal sagte ich etwas Falsches und bekam wieder einen festen Schlag mit seiner flachen Hand. Und immer wieder hörte ich das Klicken der Kamera oder sein leises Stöhnen. Schließlich sollte ich mich auf den Rücken legen und mich selbst befriedigen. Danach wurde ich wieder gefesselt. Irgendwann bekam ich einen Knebel und konnte nichts mehr sagen. Er machte meine Bluse auf und holte die Brüste heraus. Und endlich drang er in mich ein. Es gab nichts, was ich jetzt mehr wollte. Entgegen seiner herrischen Art von vorhin war er jetzt sehr zärtlich. Und schließlich kam er in mir. Das war ein schönes Gefühl. Jetzt endlich hat er sich mir auch hingegeben... »Du kannst die Augenbinde abnehmen«, sagte er schließlich. Ich machte die Augen auf, und das Erste, was ich sah, waren seine liebevollen großen Augen, die mich aufmerksam anblickten. Und da geschah es schon wieder, dass ich etwas machte, ohne vorher nachzudenken. »Ich liebe dich, Gerd«, sagte ich. Und es war genau das, was ich meinte.

Ich schaute mich um. Die vermeintliche Folterkammer war ein gemütliches Wohnzimmer, der »Fesselapparat« ein Ledersofa. Viele CDs und alte Bücher. Gerd räumte seine Utensilien weg, machte klassische Musik an und holte Sekt. Nichts erinnerte mehr an die Stunden, in denen er mich wie seine Sklavin behandelt hatte. Wir redeten über Beziehungen. Er sagte, dass er immer entweder Frauen traf, die seine Spiele mitmachten, aber sonst ganz andere Interessen hatten als er. Oder Frauen, die wie er auch viel reisten und sich für Geschichte und Kultur interessierten, aber sexuell ganz anders drauf waren. »Und du bist der große Glücksfall, weil du beides magst.« Dann redeten wir noch über seine

13

Reise. Um Mitternacht ging ich heim, um meine Freundin anrufen und sie zu beruhigen. Ich war überzeugt, den Mann meines Lebens gefunden zu haben.

Für mich war mittlerweile eine Grenze erreicht

Wir beide entdeckten eine Menge Gemeinsamkeiten. Wir verbrachten viele Nächte miteinader, es fühlte sich sehr vertraut an. Wir machten Reisen auf den Spuren der Vorfahren, ganz nach unserem Geschmack. Gerd zeigte mir auch viel Neues mit seinen sexuellen Spielen. Er bat mich, hochhackige Schuhe zu kaufen und künftig ohne BH zu ihm zu kommen. Ich sollte meine Haare brav zu einem Pferdeschwanz zurückbinden, aber dafür einen kurzen Rock anziehen. Mir gefiel alles. Nur eines vermisste ich: einfach auch einmal ohne großen Aufwand Sex zu haben, so wie ich es bisher kannte. »Das wird schon noch«, dachte ich mir. »So wie ich von ihm lerne, kann er ja auch von mir lernen.«

Doch nach meinem Empfinden wurden seine Fantasien immer extremer. Er erzählte, dass er früher auch oft Spiele zu dritt hatte. Er mit zwei Frauen. Aber das konnte ich mir bei aller Liebe nicht vorstellen. Die intimen Erlebnisse wollte ich nicht mit jemand anderem teilen. »Ich werde nie etwas tun, was dich verletzt«, beruhigte mich Gerd. Doch ich bekam ein komisches Gefühl. Für mich war mit dem Fesseln und der Unterwerfung mittlerweile eine Grenze erreicht. Weiter wollte ich nicht in diese Richtung gehen. War es für ihn vielleicht erst der Anfang?

Eines Abends wagte ich dann den Vorschlag, dass ich mich auch mal auf ihn setzten könnte. Ich zeigte ihm, dass es mir auch gefiel, wenn er sich auf mich einstellte. Sein Gesicht sah ein biss-

1 Sprachlosigkeit

chen erschreckt aus. Dann wurde sein Schwanz von einem
Moment auf den anderen weich, und wir brachen den Sex ab.

Beim nächsten Treffen spielte ich wieder sein Spiel. Ich besuchte ihn, verführerisch angezogen, so wie er es wollte. Aber diesmal zeigte er kein Interesse. »Ich habe heute keine Lust, es tut mir
leid, Mareike«, sagte er zerknirscht.

Das geschah nun häufiger. Für uns beide war das eine
schwierige Situation, denn wir liebten uns und wollten zusammen sein, aber der Sex klappte nicht mehr so richtig. Doch wir
haben uns nie getraut, über das Thema zu sprechen, obwohl wir
sonst über alles redeten. Ich befürchtete, dass Gerd den Eindruck
hatte, ich würde alles nur ihm zuliebe machen. Aber das stimmte
nicht. Seine Art von Sex war für mich allerdings nur eine von
vielen Möglichkeiten. *Er hingegen*
konnte wahrscheinlich
gar nicht anders Sex haben
als auf seine spezielle Art.

Ein paar Mal vermutete ich, dass er nun andere Frauen suchte,
die ihm seine Fantasien erfüllten, aber ich wollte es nie so genau
wissen. Denn auch ich ließ mich gelegentlich auf jemand anderen ein, was ich ihm zuerst aber auch nicht sagte. Wir waren
weiterhin ein Paar. Aber wir hatten keinen Sex mehr. Trotzdem
übernachteten und verreisten wir zusammen. Doch irgendwann
hielt ich es nicht mehr aus und gestand ihm mein Verhältnis. Er
nahm mich in den Arm und sagte nichts.

Wir haben die Beziehung eigentlich nie richtig beendet, sie
lief einfach aus und wurde wie von alleine immer mehr zu einer
bloßen Freundschaft. Wir sahen uns seltener. Und eines Tages

sagte er mir, dass er sich jetzt schon seit über einem Jahr mit einer bestimmten Frau treffe und sich langsam auch in sie verliebe.
»Zumindest unser rasantes Kennenlernen war einmalig«, dachte ich mir. Aber es versetzt mir bis heute einen Stich ins Herz, wenn ich mir vorstelle, wie schön die Beziehung hätte werden können, wenn wir auch auf sexueller Ebene zueinander gepasst hätten.

Oswalt Kolle
ganz persönlich

»Es wäre vielleicht etwas zu retten gewesen«

Die Geschichte ist die: Er hat seine Fantasien, die er umsetzen will. Sie macht das anfangs mit, findet es schön, kommt dann aber an ihre Grenzen. Allerdings bekommt sie Angst, ihn zu verlieren, wenn sie nicht weiter mitmacht. Die beiden haben den richtigen Zeitpunkt verpasst, miteinander zu reden. Hätten sie das gemacht, wäre vielleicht etwas zu retten gewesen.

Eine sexuelle Beziehung entwickelt sich, man kann nicht alles vorher klären. So war für Mareike der erste Abend sicher nicht der richtige Moment, das Erlebnis zu besprechen, zumal es beiden ja auch große Lust bereitet hat. Aber im Zuge des Kennenlernens hätte sie schon einmal ein Gespräch über sexuelle Vorstellungen führen sollen, zumal ihr Unbehagen größer wurde. Am besten ist ein Abend geeignet, bei dem man ein Glas Wein trinkt und sich sowieso schon unterhält.

1 Sprachlosigkeit

Mareike hätte dann fragen können, was diese Fantasien und Praktiken für ihren Freund bedeuten. Oft haben Menschen mit solchen Neigungen früher einmal ein demütigendes Erlebnis gehabt, das sie dann später in der Fantasie und im Spiel mit dem Partner neu erleben – nur dass sie nun bestimmen können, was zu geschehen hat. Und dann hätten Mareike und Gerd eine Szenerie entwerfen können, die ihnen beiden Lust macht. Diese Szenerie muss auch nicht unbedingt real umgesetzt werden. Es ist leichter, die Fantasien erst einmal mit Worten auszuspielen. Mein Vorschlag lautet also: Anne zu erschaffen. Anne könnte dann die zweite Frau für Gerd sein. Sie muss den beiden beim Sex zugucken. Sie könnte sogar eine Sklavin spielen, die von Mareike und Gerd dominiert wird. Die Idee entwickelt sich für Mareike vielleicht sogar als luststeigernd, weil sie auf Anne nicht eifersüchtig sein muss.

Generell ist aber wichtig bei einem sadomasochistischen Spiel: Vereinbaren Sie ein Wort, das der im Spiel untergebene Partner aussprechen muss, wenn er wirklich genug hat. Das Stoppwort darf aber nicht STOPP lauten, weil das Bitten und Flehen ja zum Spiel gehört. Es sollte ein ganz anderes Wort sein, wie Himbeermarmelade oder Sommergewitter. Solche Spiele sind eine Variante der Erotik, vor der niemand Angst haben muss, wenn sie auf freiwilliger Basis geschieht.

Was bedeutet »sich verlieben«, und wie entstehen sexuelle Fantasien?

Die Beziehung zwischen Mareike und Gerd lässt sich auch wissenschaftlich analysieren. Schauen wir uns die drei wichtigsten Stationen noch einmal im Schnelldurchgang an.

1. Mareike befand sich am Tag des Kennenlernens in einer emotional aufgewühlten Situation (sie hat den gewünschten Job nicht bekommen), dann traf sie Gerd und fing Feuer.

2. Beim zweiten Treffen durchlebte sie Höhen und Tiefen. Sie bezweifelte immer wieder, ob sie ihm trauen kann, wurde dann aber wieder positiv bestätigt. Nach dieser »Berg- und Talfahrt« sagte sie ihm, dass sie ihn liebe.

3. Während der Beziehung versuchte sie, auch einmal ihre sexuellen Vorstellungen auszuleben, das heißt, auch einmal dominant zu sein. Von dem Moment an ging es mit dem Sex bergab.

Hier spielen zwei verschiedene Komponenten ineinander. Das eine ist der Mechanismus des Sichverliebens und das andere der Mechanismus von sexuellen Fantasien. Diese beiden Faktoren funktionieren völlig unterschiedlich und gehen auf verschiedene Ursachen zurück.

Starke Emotionen auf einer wackeligen Brücke

Wenn zwei Menschen sich verlieben, gehen dem oft starke Emotionen voraus, die nichts mit der anderen Person zu tun haben. Hierzu gibt es Experimente, so zum Beispiel das klassische Brückenexperiment von Donald Dutton und Arthur Aron aus dem Jahr 1974. Die Wissenschaftler stellten eine junge, hübsche Studentin auf eine schwankende Fußgängerbrücke. Jeden Mann, der die Brücke alleine überquerte, sprach die Studentin an. Sie stellte sich als Gloria vor und bat den Passanten um Hilfe für eine Forschungsarbeit: Er sollte sich jetzt und sofort eine Geschichte zu einem Bild ausdenken, das Gloria ihm zeigte. Anschließend gab es noch ein kurzes Interview, in dem sich jeder Passant zu seinen Gefühlen auf der Brücke äußern sollte. Und schließlich gab Gloria ihm ihre private Telefonnummer, mit der

1 Sprachlosigkeit

beiläufigen Bemerkung, sich zu melden, wenn noch Fragen bezüglich der Studie beständen.

Für den zweiten Teil des Experiments wurde dieselbe Studentin auf einer breiten und stabilen Brücke platziert. Wieder sprach sie allein daherkommende Männer an, nur mit dem Unterschied, dass sie sich diesmal als Donna vorstellte. Der Rest des Experiments verlief identisch.

Ausgewertet wurde nun die Anzahl der Anrufe, die Gloria (auf der wackligen Brücke) und Donna (auf der stabilen Brücke) erhielten. Bei Gloria riefen neun Männer an (von den 18, die sich die Telefonnummer eingesteckt hatten). Bei Donna waren es nur zwei (von 16 Männern, die ihre Nummer mitgenommen hatten). Gloria ging also eindeutig als Siegerin hervor. Alle Männer auf der wackligen Brücke gaben im Interview an, dass sie die Situation als Angst erregend empfunden hatten. Alle Männer auf der festen Brücke hingegen sagten, sie hätten sich sicher gefühlt.

Nun hatten auffälligerweise deutlich mehr Männer nach einer gefährlichen Situation angerufen als nach einer ungefährlichen. Die Autoren schlossen daraus, dass die Männer offenbar ihre Angst auf der wackligen Brücke als Lust oder Verliebtheit interpretiert hatten. Dies bezeichnet man als »irrige Ursachenzuschreibung« (oder Fehlattribution). Dafür sprach auch, dass die zu dem Foto assoziierten Geschichten im Fall Gloria deutlich stärker sexuell geprägt waren als im Fall Donna.

Zur Kontrolle wurde übrigens auch noch ein männlicher Student auf die beiden Brücken gestellt. Bei ihm war jeweils nur ein Drittel aller Männer dazu bereit, seine Telefonnummer überhaupt anzunehmen, und davon riefen auch nur zwei Männer (wacklige Brücke) beziehungsweise ein Mann (stabile Brücke) anschließend an. Daraus lässt sich

19

schließen, dass das Interesse der Männer, die sich bei Donna und Gloria gemeldet haben, hauptsächlich der Frau galt und nicht der Studie.

Warum wir uns in wen verlieben

Auch die Forscherin Ayala Malach Pines hat den Mechanismus des Sichverliebens weiter untersucht. Dies hat sie zum Beispiel in ihrem Buch »Falling in Love – Why We Choose the Lovers We Choose« beschrieben. Es sind dabei drei psychologische Mechanismen im Spiel:

1. Irrige Ursachenzuschreibung, wie sie – siehe oben – auch das Brückenexperiment bewies. Ein Gefühl – Angst – wird als ein anderes interpretiert, nämlich Lust und Verliebtheit.

2. Reizübertragung, womit gemeint ist, dass die Lust sozusagen auf die erstbeste Person übertragen wird, im Brückenexperiment ist es die interviewende hübsche Studentin.

3. Reaktionsverstärkung, die entsteht, wenn die Situation physischer Erregung, aus welchem Grund auch immer, weiter verstärkt wird. Grundlage dafür ist, dass die »erstbeste« Person tatsächlich anziehend wirkt. Das heißt, die andere Person muss einem schon gefallen, damit eine nachhaltige Reizübertragung vonstattengeht. Erst dann funktioniert die Reaktionsverstärkung beim Verlieben. Und dies insbesondere, wenn man auf die Erfüllung seiner Wünsche warten oder darum kämpfen muss (im Brückenexperiment beispielsweise mussten die Männer eine gewisse Zeit verstreichen lassen, bis sie Gloria oder Donna anrufen konnten). Oder wie der Psychoanalytiker Sigmund Freud es in dem Buch »Über die allgemeinste Erniedrigung des Liebeslebens« ausdrückte: »Es ist leicht festzustellen, dass der psychische Wert des Liebesbedürfnisses sofort sinkt, sobald ihm die Befriedigung bequem gemacht wird. Es bedarf eines Hindernisses, um die Libido in die Höhe

1 Sprachlosigkeit

zu treiben, und wo die natürlichen Widerstände gegen die Befriedigung nicht ausreichen, haben die Menschen zu allen Zeiten konventionelle eingeschaltet, um die Liebe genießen zu können.« Dieses Prinzip sorgt übrigens dafür, dass zwei junge Menschen, deren Beziehung von den Eltern abgelehnt wird, nun erst recht starke Liebe und großes Verlangen zueinander entwickeln. Auch die Geliebte eines verheirateten Mannes erlebt wegen dessen Unerreichbarkeit eine solche Reaktionsverstärkung.

Übertragen wir diese Mechanismen auf Mareike, sieht die Geschichte so aus: Mareike war aufgeregt. Beim ersten Treffen war sie emotional geladen aufgrund der ärgerlichen Mitteilungen, deretwegen sie das Haus verließ. Und beim zweiten Treffen war sie aufgrund des Wagnisses, einen fremden Mann zu besuchen und sich auf ungewohnte sexuelle Erlebnisse einzulassen, in einem hochemotionalen Zustand. Als sie dann die Augenbinde herunternahm, war Gerd derjenige, den sie als Erstes erblickte. Sie schrieb ihre starken Gefühle diesem Mann zu, der ihr aber natürlich auch wirklich gefiel.

Die irrige Ursachenzuschreibung bedeutet hier, dass Mareike ihre Gefühlswallungen (Ärger beziehungsweise Furcht und Ungewissheit) als eine Art Liebe auf den ersten Blick umdeutete. Reizübertragung heißt, die Liebesgefühle wurden auf Gerd übertragen, der gerade als Projektionsfläche zur Verfügung stand, und zu den Reizen hinzuaddiert, die Gerd zweifelsohne per se für Mareike besaß. Zur Reaktionsverstärkung kam es in dieser Geschichte durch die zwei Wartezeiten: Zum einen musste Mareike drei Wochen auf ein erneutes Wiedersehen mit ihrem Schwarm warten. In dieser Zeit malte sie sich Situationen des Wiedersehens in ihrer Fantasie aus. Und als es endlich zum Treffen kam, musste sie wieder warten, mit verschlossenen Augen und in der Ungewissheit, wann es endlich zu der sexuellen Vereinigung kommen würde.

21

Re-inszenierte Grausamkeit

Soweit zu einigen Regeln, nach denen wir jemanden attraktiv finden oder uns verlieben. Die sexuellen Fantasien und Praktiken hingegen kommen auf ganz andere Weise zustande. Sie entspringen nämlich einer klassischen Konditionierung. Bekannt geworden ist diese Form des Lernens durch den russischen Physiologen Iwan Pawlow. Er fand heraus, dass ein natürlicher Reiz, der eine angeborene Reaktion oder einen Reflex auslöst, durch einen beliebigen anderen Reiz ersetzt werden kann: Wird etwa einem Hund Futter angeboten, läuft ihm reflexartig das Wasser im Mund zusammen. Dann verbindet man das Füttern mit einem Signal, etwa einem Glockenton. Mit der Zeit wird auch dann die Speichelproduktion angeregt, wenn der Hund nur die Glocke hört, ohne dass Futter im Spiel ist.

Die Sexualforschung überträgt die Erkenntnisse dieses Experiments auf den Menschen. Sie geht davon aus, dass schon Babys und Kinder sexuelle Empfindungen haben. Wenn nun die Eltern mit dem Kind kuscheln, es streicheln oder füttern, können sich beim Kind – ohne dass es beabsichtigt wurde – erste sexuelle Regungen einstellen. Nun wird das Kind die Reize, die zufällig in der Umgebung vorhanden waren (zum Beispiel Musik, ein Geruch oder ein bestimmtes Material), unbewusst als (Mit-)Auslöser seiner Empfindungen speichern. Dies beschreibt sehr konkret die US-amerikanische Sexualtherapeutin Helen Singer Kaplan.

Auch die »härteren« sexuellen Vorlieben scheinen auf diese Weise zu entstehen. Hier könnte es sich um eine »Erotisierung von Kindheitsschmerz« handeln: Singer Kaplan jedenfalls hat festgestellt, dass bei den über 7000 Sexualtherapien, die sie im Laufe von 20 Jahren durchgeführt hat, nicht eine einzige Person mit sadistischen oder masochistischen

1 Sprachlosigkeit

sexuellen Fantasien, Begierden oder Verhaltensverweisen dabei war, die nicht als Kind einer bedeutsamen Grausamkeit ausgesetzt gewesen wäre. Möglicherweise lassen sich über die Sexualität Tragödien der Kindheit nachträglich in sexuelle Triumphe umwandeln, wie es der Forscher John Money beschreibt: Als Kind ist man der Grausamkeit, die einem zugefügt wird, hilflos ausgesetzt. Im Erwachsenenalter werden die Erlebnisse re-inszeniert, aber jetzt hat man selbst die Zügel in der Hand. Egal ob man dann später die dominierende oder die Untergebenenrolle im sexuellen Spiel einnimmt, es ist nun eine freiwillige Angelegenheit, die man jederzeit beenden kann. Vermutlich sind Gerds Rollenspiele in Mareikes Geschichte auf eine solche Konditionierung in der Kindheit zurückzuführen.

Viele Menschen empfinden sexuelle Fantasien als belebend. Frauen entwickeln sie offenbar sogar häufiger als Männer, obwohl sie selten darüber sprechen. Dies hat die US-amerikanische Autorin Nancy Friday bei ihren Recherchen herausbekommen. Viele Frauen brauchen anscheinend diese Fantasien, um zum Orgasmus zu kommen. Sie träumen dabei von völlig anderen Situationen als Männer: Sie selbst stehen – rücksichtslos und ungehemmt – im Mittelpunkt ihrer Wünsche.

Sie sehen: Beim Verlieben spielt die gegenwärtige Lebenssituation eine entscheidende Rolle. Bei der Ausprägung von Fantasien und Verhaltensweisen sind kindliche Erlebnisse unbewusst im Spiel. Hier hat die Evolution leider noch kein Schema entdeckt, um uns davor zu schützen, uns in die falsche Person zu verlieben. Das würde uns sicher viel Kummer ersparen. Und so hilft es nur, in einer Beziehung auch über sexuelle Angelegenheiten zu sprechen. Das hätte möglicherweise auch Mareikes Verbindung mit Gerd gutgetan.

DER HEISSE TIPP

Wie Sie Ihrem Partner eine unbekannte Seite eröffnen

Wir reden über alles, nur nicht über das, was uns wirklich im Innersten betrifft. Sexualität gehört zu den Tabuthemen, denn hierüber zu sprechen, bedeutet auch, seine Gefühle und Ängste, seine Scham oder Verletzungen mitzuteilen. Doch wie die Geschichte oben zeigt, ist es wichtig, zu sagen, was zu sagen ist. Und das lernen Sie so:

Legen Sie gemeinsam einen Wochentag und eine Uhrzeit fest, zu der Sie sich beide 20 Minuten Zeit füreinander nehmen. Jeder von Ihnen hat zehn Minuten Redezeit. Sie beginnen abwechselnd. Wenn das erste Mal Partner A das Wort zuerst ergreift, dann tut dies beim zweiten Mal Partner B. Partner A spricht nun über das, was ihn bedrückt, was er loswerden möchte, was ihm auf der Seele liegt. Partner B unterbricht ihn nicht, sondern schweigt, aber hört mit großer Aufmerksamkeit zu. Er bemüht sich, seinen Geist und seine Gefühlsantennen zu öffnen, damit er begreift, was der andere mitteilen möchte. Nach zehn Minuten wird getauscht. Partner B kann nun auf das soeben Gehörte eingehen, aber er kann auch selbst sagen, was ihm auf der Seele liegt. Wenn Sie diese Übung von Anfang an machen, dann bilden sich gar nicht erst große Missverständnisse heraus. Denn Sie trainieren von Anfang an, über sich selbst zu sprechen. Wählen Sie einen neutralen Ort, etwa den Küchentisch. Das Bett ist tabu für solche Gespräche, es sollte anderen Tätigkeiten vorbehalten bleiben.

1 Sprachlosigkeit

Wenn Sie auf diese Weise miteinander gesprochen haben, dann nehmen Sie sich anschließend in den Arm. Berühren Sie sich aber nicht so, wie sich zwei gute Freundinnen begrüßen, mit einem Bussi auf die Wange, Becken und Oberkörper weit voneinander entfernt. Umarmen Sie sich intim wie zwei Liebende. Ihre Körper berühren sich der gesamten Länge nach: Schenkel an Schenkel, Becken an Becken, Bauch an Bauch, Kopf an Kopf. Lassen Sie Ihre Körper auf diese Weise zueinander sprechen. Damit gewinnen Sie das Vertrauen, dass die Liebe immer noch vorhanden ist, egal worüber vorher gesprochen wurde.

Wenn es Ihr Anliegen ist, über sexuelle Diskrepanzen zu sprechen, dann sollten Sie bei sich beginnen. Sagen Sie also nicht:»Was du im Bett machst, ist ja widerwärtig.« Sondern formulieren Sie, was Sie dabei empfinden. Beschreiben Sie mithilfe des eben vorgestellten Rituals, was Sie empfinden, wenn Sie gefesselt werden oder eine zweite Frau ins Bett holen sollen. Beschreiben Sie Ihre schönen Empfindungen, aber auch Ihre Ängste. Vermeiden Sie jede Andeutung von Vorwurf und Anklage. Wenn die Gefühle ehrlich dargelegt werden, besteht auch die Chance, miteinander einen gemeinsamen Nenner zu finden, der beide Partner befriedigt und beglückt.

Es gibt auch Fälle, in denen kein Kompromiss machbar ist. Die Chance, dass sich jemand wie Gerd mit seinen festgelegten Vorlieben umstellt, ist gleich null. Hier aber helfen die ritualisierten Gespräche, dass zwei Partner zueinander Vertrauen aufbauen und es stärken. Und das wiederum hilft, die Vorlieben des anderen zu akzeptieren.

Vielleicht aber merken Sie, dass Sie in sexueller Hinsicht überhaupt nicht zueinanderpassen. Dann bleibt – neben der Trennung – immer noch die Möglichkeit, dass Sie als Paar zusammenbleiben und nur die Sexualität aus der Beziehung auslagern.

Beliebigkeit

Dem Partner nichts über sich zu erzählen und ihn über vieles einfach **im Unklaren** zu lassen, ist sicherlich kein kleines Vergehen. Doch eine viel **größere Sünde,** ja, eine regelrechte Todsünde ist, in farbigen Details ungefragt von früheren **sexuellen Erlebnissen** zu erzählen und dabei – bewusst oder unbewusst – Vergleiche mit früheren Partnern herzustellen.

»Auf Dauer störte es mich, einer von vielen zu sein«

*Berlin: Frank (35) will nicht mehr
mit den Vorgängern seiner Freundin Heike (24) leben.*

*Ich war eine Woche auf Geschäftsreise in Hamburg. Eines Abends
saß ich in der Bar meines Hotels inmitten vieler anderer Gäste.
Aber mir fiel sofort eine junge Frau auf, eigentlich mehr Mädchen
als Frau, zierlich, blond, mit blauen Augen. Sie sah unglaublich
unschuldig aus, fast naiv. Ich suchte immer wieder ihren Blick.
Sie wich nicht aus. Im Gegenteil, sie schaute sehr intensiv zurück.
Da musste ich an meine Mutter denken, die mir eingehämmert
hatte: »Glaub nicht, was viele Männer denken, dass sie die Frauen
aussuchen. Es sind die Frauen, die sich ihre Männer aussuchen.
Das ist das große Geheimnis. Und wenn dir eine gefällt, die dich
ausgesucht hat, dann packe zu. Verschwende deine Kräfte nicht
an Frauen, die nichts von dir wollen.«*

Ich war unendlich erregt und sie auch

*Diese junge Frau zeigte mir deutlich, dass sie Kontakt mit mir
wollte. Also war ich am Zug. Ich setzte mich neben sie und bot ihr
einen Drink an. Wir tranken zusammen zwei Gläser Weißwein
und führten ein kurzes Gespräch. Ich erfuhr, dass sie Heike hieß
und aus Hamburg stammte, und ich sagte ihr, dass ich wegen einer
Werbekampagne gerade eine Woche in Hamburg sei. Wir erzählten*

2 Beliebigkeit

einander ein bisschen über uns. Sie lächelte mich zärtlich an und strich mir immer wieder über den Arm und die Hand. Mir wurde ganz warm. Als wir unseren Wein getrunken hatten, bot ich ihr noch einen Drink an. Sie schaute mich wieder mit einem Lächeln an und sagte: »Hör mal, Frank, ich weiß, was du willst, und du weißt, was ich will. Also verschwenden wir doch nicht unsere Zeit damit, uns hier zu betrinken.« *Ich fand das so schön und natürlich, dass ich antwortete:* »Du hast recht. Gehen wir auf mein Zimmer.« *Sie nahm meine Hand, wir standen auf und gingen zusammen zum Lift. Dort stürzten wir aufeinander zu. Wir küssten uns. Unsere Zungen spielten miteinander. Ich war unendlich erregt und sie auch. Im Zimmer angekommen, sagte sie:* »Ziehen wir uns aus und gehen duschen.« *Unter der Dusche merkte ich, dass ich die kühle blonde Hamburgerin in der Bar verkehrt eingeschätzt hatte.*

Wir verteilten gegenseitig den Duschschaum auf unsere Körper, dabei bemerkte ich, wie groß ihre Erfahrung war.
Sie machte das so geschickt, als ob sie mich schon ewig kennen würde, zärtlich und leidenschaftlich zugleich. Später im Bett nahm sie meinen Schwanz in den Mund. Und auch hier wusste sie genau, wie sie mich behandeln musste. Es war eine wunderschöne Nacht.

Auch die anderen Nächte, die ich noch in Hamburg war, verbrachten wir zusammen im Hotel. Wir konnten nicht voneinander lassen. Wir fühlten uns wie zwei Magneten, die zueinander hingezogen werden. Am letzten Abend, während wir gerade miteinander schliefen, erzählte sie von einem Mann, mit dem sie in einer besonderen Weise ihren Orgasmus erlebt hatte. Dieser

Mann war über eine Stunde in ihr gewesen und hatte sie mit sanften rhythmischen Bewegungen zum Orgasmus gebracht, während sie sich dabei mit den Fingern an der Klitoris in steigende Erregung gerieben hatte. Ich fand das sehr offen und spannend, denn so lernte ich sie doch besser kennen. Und es schmeichelte mir, dass sie offenbar keinerlei Scheu und Scham vor mir empfand.

Wir trieben es auf dem Bett oder auf dem Balkon

Am Ende dieser Woche beschlossen wir einen kurzen gemeinsamen Urlaub. Wir wollten auf die Kanarischen Inseln fliegen. Sie erzählte mir von einem wunderschönen Hotel auf Gran Canaria. Da sie den Hoteldirektor kannte, würde er uns einen guten Preis machen.

Das war also beschlossene Sache. Auf dem ganzen Flug waren wir so zärtlich miteinander, dass wir beinahe die Aufmerksamkeit der anderen Gäste erregt hätten. Der Direktor des Hotels holte uns am Flughafen von Gran Canaria ab. Die Begrüßung zwischen Heike und ihm war so feurig, dass mir sofort klar war: »Da ist ein früherer Liebhaber im Spiel.« Heike spürte mein Unbehagen und versicherte mir abends auf dem Balkon unseres kleinen Appartements, dass ich mir keine Sorgen machen müsse. Sie sei jetzt mit mir zusammen, und alle anderen Männer würden in ihrem Leben keine Rolle mehr spielen.

In dieser Situation fiel mir ein Erlebnis mit einer früheren Freundin ein. Wir waren im Bett gelegen, und ich hatte ganz nebenbei den Namen einer Verflossenen erwähnt. Die ganze Nacht hatte ich darunter zu leiden, weil die Freundin neben mir damals der Meinung war, ich würde sie in Gedanken betrügen. Ich würde an andere Frauen denken, während ich Sex mit ihr hatte – ich konnte

2 Beliebigkeit

sie nicht vom Gegenteil überzeugen. Aber ich wusste eines genau:
Ich selbst wollte niemals so absurd reagieren. Es ist nun mal so,
dass zwei Menschen schon eine Vorgeschichte haben, wenn sie
sich treffen. Auch Heike hatte ihre Vorgeschichte, ebenso wie ich.
Der einzige Unterschied zwischen uns war, dass ich nicht gerne
darüber sprechen wollte, was ich früher erlebt hatte.
Heike war anders. **Für sie war Sex eine Art endloses Spiel. Mit verschiedenen Partnern und verschiedenen Situationen.**
Sie benahm sich in dieser Zeit wie ein Kind, das mir einfach alles
erzählen wollte. Wie sie das erlebt hatte. Mit wem sie es erlebt
hatte. Wie die großen Momente in ihrem Leben waren. Auch auf
Gran Canaria fand ich das anfangs noch spannend. Und wenn
irgendwelche negativen Gefühle aufkamen, wischte ich sie weg.
Denn sie begeisterte mich immer wieder. Zum Beispiel wenn
sie mittags in ihrem winzigen Bikini am Strand saß, plötzlich nach
meiner Hand griff, mich hochzog und sagte: »Jetzt muss es sein.«
Dann stürmten wir in unser Appartement und trieben es auf dem
Bett oder auf dem Balkon.

Nach zwei Jahren ließ ich die Geschichte einschlafen

Heike und ich verlebten zwei wunderbare Jahre, in denen sie mir
aber immer wieder und immer mehr von früheren Erlebnissen
erzählte. Nach einer anfänglichen Zeit sehr befriedigender Sexualität verstärkte sich deswegen mein Gefühl, auf einer Art Prüfstand zu stehen. War ich so gut wie der frühere Liebhaber, der sie
immer mit der Zunge zum Orgasmus gebracht hatte? War ich so
fantasiereich wie der Mann, der extra sein Bett hatte erhöhen

lassen, damit er leichter von hinten in sie eindringen konnte? War ich besser oder schlechter als jener Schlagersänger, der sie entjungfert hatte? Auch diese Geschichte hat mir Heike sehr fröhlich und offen erzählt: Sie hatte sich als 15-Jährige in einen sehr berühmten, älteren Sänger verliebt, der auch Gefallen an ihr gefunden hatte. Doch während sie damals noch gar nicht so sehr an Sex dachte, wollte er sie im Bett haben. Und das geschah eines Abends in einem Hotelzimmer. Sie wusste noch überhaupt nicht, was sie damit anfangen sollte. Der Mann war sehr zärtlich und lieb, aber ihr dauerte es viel zu lange. Und nachdem er eine halbe Stunde in ihr gewesen war, hatte sie zu ihm gesagt: »Mach jetzt mal Schluss, es ist genug.« Jedes Mal, wenn ich diesen Sänger im Radio hörte oder im Fernsehen sah, musste ich an Heikes Entjungferung denken. Das alles zusammen wurde mir mit der Zeit ein bisschen zu viel.

Vor allem wusste ich zum Schluss nicht mehr, von wem sie gerade sprach und in welcher Zeit etwas gespielt hatte. Auch war ich mir nicht sicher, ob der eine oder andere Liebhaber nicht doch wieder reaktiviert wurde. Ich wusste, es war meine Schuld. Ich hatte die Tore für ihre Erzählungen geöffnet, weil ich ihr nie gesagt hatte, dass ich das alles gar nicht so genau wissen wollte. Und ich glaube, sie hat nicht verstanden, dass es mich auf Dauer störte, nur einer von vielen zu sein. Nach zwei Jahren ließ ich unsere Geschichte einschlafen. Ich machte darum keinen großen Wirbel. Ich hatte damals beruflich sehr viel zu tun und musste viel reisen. Und wenn Heike mich in Berlin besuchen wollte, war ich einfach gerade beschäftigt. Schließlich merkte auch sie, dass unsere Zeit vorbei war.

2 Beliebigkeit

Oswalt Kolle

ganz persönlich

»Niemand sollte den Partner dauernd auf den Prüfstand stellen«

Eines habe ich aus dieser Geschichte wieder gelernt: Menschen sollten einander nicht zu viel von früheren Erlebnissen erzählen. Auf jeden Fall keine Einzelheiten aus dem Bett.

Es kann reizvoll sein, mit einem neuen Partner über einzelne Geschichten aus der Vergangenheit zu sprechen. Das kann Vertrauen schaffen. Wenn eine Frau beispielsweise ihrem neuen Freund berichtet, wie mühsam sie ihr Vertrauen in Männer zurückgewinnen konnte, nachdem sie als unerfahrenes Mädchen mit dem Handy beim Sex gefilmt und ins Internet gestellt wurde. Oder von einem anderen Mann, der immer zu schnell zum Orgasmus kam, weshalb sie mit ihm meistens unbefriedigt blieb. Aber niemand sollte von besonders schönen und befriedigenden Augenblicken berichten. Denn der neue Partner könnte dies als Kritik an seinem Sexualverhalten deuten. Man muss schon ein sehr starkes Selbstbewusstsein haben, um solche Vergleiche ertragen zu können. Wahrscheinlich aber wird sich ein neuer Partner wie auf dem Prüfstand fühlen und befürchten, dass er (oder sie) sowieso nie das Niveau der Vorgänger erreichen kann. Zudem drängt sich die Frage auf, ob die früheren Partner vielleicht nicht nur in der Erinnerung herumgeistern, sondern tatsächlich wieder aktiviert wurden. Hier ist also wirklich Vorsicht geboten. Das gilt ganz besonders für ältere Paare, wenn der frühere langjährige Ehepartner vielleicht verstorben ist oder sich getrennt hat, aber immer noch präsent ist. Mit meiner Freundin José, in der ich zwei Jahre nach dem Tod meiner Ehefrau Marlies eine neue Liebe fand und die ebenfalls ihren Ehepartner verloren hatte, handhabe ich es so: »Wir stehen zu unseren verstorbenen Partnern, aber diese stehen nicht zwischen uns.« Und dieses Prinzip kann ich eigentlich jedem nur empfehlen.

Was hat unser Selbstwertgefühl mit gutem Sex zu tun?

Die Geschichte von Frank lässt sich unter dem Aspekt des Selbstwertgefühls betrachten. Das Selbstwertgefühl einer Person ist die Einschätzung ihres eigenen Werts. Der Begriff ist allerdings irreführend, weil es sich dabei nicht um ein Gefühl im engeren Sinne handelt, sondern um die Bewertung unseres Selbstbildes, also des Bildes, das wir uns selbst von uns machen. Je positiver wir unser Selbstbild bewerten, desto höher ist unser Selbstwert. Insofern hat dieser Begriff auch etwas mit Selbstachtung und Selbstvertrauen zu tun.

Die frühe Kindheit ist entscheidend

Das Selbstwertgefühl resultiert aus dem Vergleich der eigenen Fähigkeiten mit den Anforderungen, die an uns gestellt werden. Wenn man dann zum Beispiel zu dem Schluss kommt, eine schwierige unbekannte Situation gut meistern zu können, hat man ein hohes Selbstwertgefühl. Trauen wir uns die Aufgabe dagegen nicht zu, ist unser Selbstwertgefühl niedrig. Natürlich kann es hier zu Fehleinschätzungen kommen, das heißt, jemand kann seine Leistungsfähigkeit unter- oder überschätzen.

2 Beliebigkeit

Wie aber kommt ein Selbstwertgefühl zustande? Das beschreibt zum Beispiel die Psychologin Ursula Nuber: Demnach hängt ein starkes Selbst zum Teil von den genetischen Anlagen ab. In hohem Maße ist aber auch das Erziehungsverhalten der Eltern entscheidend. Ein Kind wächst dann zu einem selbstsicheren Menschen heran, wenn seine Eltern es ohne Bedingungen lieben. Außerdem sollten die Eltern dem Kind helfen, sich selbst realistisch einzuschätzen, sie dürfen es also weder andauernd kritisieren noch es andauernd loben. Und schließlich müssen Eltern dem Kind stabile Werte vermitteln und ihm helfen, zwischen Richtig und Falsch, zwischen Gut und Böse zu unterscheiden. Werden Kinder hingegen in der frühen Kindheit vernachlässigt, können sie kein Urvertrauen ausbilden (siehe auch Kapitel 7, Seite 122) und kein stabiles Selbstwertgefühl entwickeln. Das hat beispielsweise schon 1945 der österreichisch-amerikanische Säuglingsforscher René Spitz bei Heimkindern beobachten können.

Die Rolle der individuellen Werte und eigenen Maßstäbe

Ein Selbstwertgefühl muss man auch pflegen, damit es erhalten bleibt. Dies schließt viele Komponenten ein: persönliche Erinnerungen, Annahmen über die eigenen Fähigkeiten, die Vorstellung davon, wie man idealerweise gerne sein möchte, und auch unsere Vorstellung davon, wie andere uns sehen. So stabilisieren wir unser Selbstwertgefühl zum Beispiel dadurch, dass wir uns immer wieder an unsere erfolgreichen Aktionen erinnern und an positive Erlebnisse, zu denen wir selbst beigetragen haben. Damit vergewissern wir uns, dass wir viele Dinge wirklich können, und versichern uns immer aufs Neue unserer eigenen Fähigkeiten.

Bei den oben genannten Komponenten spielen die eigenen individuellen Werte eine große Rolle. Wenn man viel Wert auf sein Äußeres legt, ist entscheidend, wie man sich kleidet. Wer Autos und Smartphones wertschätzt, für dessen Selbstwert mag es eine Rolle spielen, welches Modell er sich leisten kann. Anderen Menschen ist es wichtig, wie gut sie eine sich selbst auferlegte Arbeit bewältigen oder welche Leute aus welchen Kreisen sie kennen. Dabei ist der eigene Maßstab entscheidend. Eine Sängerin wird sich an der Sangeskunst anderer messen, und es wird ihr wichtig sein, auf welchen Bühnen sie auftritt. Ein Wissenschaftler wird Wert darauf legen, seine Ergebnisse in bestimmten Fachpublikationen zu veröffentlichen, und ein Auge darauf haben, wie oft ihn Kollegen in ihren eigenen Arbeiten zitieren. Und nicht nur für Jugendliche stellt heutzutage die Anzahl der Freunde einen hohen individuellen Wert dar. Deswegen werden in elektronischen Netzwerken, wie Facebook oder Xing, unsere Kontakte für jeden sichtbar aufgelistet. Auch das dient der Bestätigung unserer selbst.

Die sexuelle Zufriedenheit ist ebenfalls ein Baustein, der auf das Selbstwertgefühl einwirkt. Wenn man aber dauernd den Vergleich mit anderen bestehen muss, macht dies unsicher und kann somit das Selbstwertgefühl negativ beeinflussen. Denn das Selbstwertgefühl kann im Laufe des Lebens auch wieder zerstört werden, zum Beispiel durch entwürdigende Erlebnisse und/oder Gewalterfahrungen.

Wichtig ist die Selbstbestätigung des eigenen Lebenskonzeptes

Frank in unserer Geschichte leidet darunter, dass seine eigene Intimsphäre andauernd verletzt wird, weil immer auch andere Männer eine Rolle darin spielen. Und wahrscheinlich wird Frank auch befürchten,

2 Beliebigkeit

dass Heike ihre Erlebnisse mit ihm ebenso nach außen trägt, wie sie es auch mit den anderen Männergeschichten macht. Auch wenn wir nicht wissen, ob sich Heike tatsächlich nebenbei auch noch mit anderen vergnügt hat, so reicht es doch, dass sie verbal diese anderen Partner ins Bett holte und sie damit auf eine Stufe mit dem Mann stellte, der gerade in dieser Hinsicht die wichtigste Rolle spielen wollte. Heikes Verhalten stellt einen unmittelbaren Angriff auf das Selbstwertgefühl ihres Partners dar – ganz egal, ob dieser bislang ein hohes Selbstwertgefühl besaß oder ein niedriges.

In diesem Zusammenhang ist das folgende Experiment interessant. Der Forscher William B. Swann wählte nach dem Zufallsprinzip verschiedene Ehepaare aus. Jede Person, also Ehemänner und Ehefrauen, wurde gebeten, sich selbst und den jeweiligen Partner hinsichtlich der intellektuellen Fähigkeiten und der körperlichen Attraktivität einzuschätzen. Danach sollten die Testpersonen ein Urteil darüber abgeben, wie zufrieden sie in ihrer Ehe sind. Es ergab sich: Wenn sich Eigenbild (wie man sich selbst findet) und Fremdbild (wie der Partner einen einschätzt) glichen, war der- oder diejenige zufrieden. Wenn Eigenbild und Fremdbild stark voneinander abwichen, entstand Unzufriedenheit. Wenn wir also ein hohes Selbstwertgefühl haben, sind wir glücklich in der Partnerschaft, wenn der Partner auch eine hohe Meinung von uns hat. Es gilt aber auch: Wer ein geringes Selbstwertgefühl besitzt, ist zufrieden, wenn der Partner diese Einschätzung bestätigt. Unglücklich ist hingegen, wer ein hohes Selbstwertgefühl besitzt und vom Partner als »minderwertig« eingestuft wird. Und genauso, wer ein niedriges Selbstwertgefühl besitzt und vom Partner als sehr positiv eingeschätzt wird. Dieses Experiment von William B. Swann zeigt: Den Menschen ist die Selbstbestätigung ihres jeweiligen Lebenskonzeptes wichtiger als die Einschätzung anderer hinsichtlich ihrer intellektuellen Fähigkeiten und ihrer körperlichen Attraktivität.

Frank besitzt jedenfalls ein hohes Selbstwertgefühl: In seiner Geschichte ist nicht der mindeste Zweifel daran zu spüren, dass diese hübsche und deutlich jüngere Frau an ihm Interesse hat. Und auch sein Leitsatz spricht dafür:»Es sind die Frauen, die sich ihre Männer aussuchen. Das ist das große Geheimnis. Und wenn dir eine gefällt, die dich ausgesucht hat, dann packe zu. Verschwende deine Kräfte nicht an Frauen, die nichts von dir wollen.« Der Mann weiß, was er will und was er kann. Menschen mit einem niedrigen Selbstwertgefühl wären in einer solchen Situation unsicher. Aber Frank strotzt ganz offensichtlich vor Selbstsicherheit.

Die Strategie der Selbstbenachteiligung

In der Psychologie heißt es: Wer selbstsicher ist, strebt danach, seinen Selbstwert weiter zu erhöhen. Wer selbstunsicher ist, wird geschickt den Situationen ausweichen, die seinen Selbstwert auf die Probe stellen könnten. Bei Letzteren kommt oft ein sehr raffinierter Selbstschutzmechanismus zum Einsatz. Er wird als »Strategie der Selbstbenachteiligung« bezeichnet und funktioniert wie folgt: Wer daran zweifelt, eine bestimmte Aufgabe bewältigen zu können, verhält sich implizit so, dass er sich selbst benachteiligt und seine Leistungsfähigkeit sabotiert. Das heißt, wer eine wichtige Prüfung absolvieren will, aber daran zweifelt, dass er sie schafft, könnte sich Gründe überlegen, warum er sie gar nicht schaffen kann – zum Beispiel, weil er sich viel zu viel um die kranke Schwester oder die unglückliche Arbeitskollegin kümmern muss und daher kaum noch Zeit zum Lernen hat. Ein anderes Beispiel: Wer sich selbst als unattraktiv einschätzt und der Meinung ist, dass sich sowieso

2 Beliebigkeit

niemals ein richtig toller Partner für ihn oder sie interessieren wird, könnte sich total mit Arbeit zuschütten und seine Freizeit auf null reduzieren. Dann kann der- oder diejenige mit gutem Recht sagen: »Ich habe ja gar keine Zeit, jemanden kennenzulernen und mit ihm vertraut zu werden. Deswegen bin ich allein, und das ist auch gut so, denn ich habe so viel zu tun.«

Diese Begründungen mögen manchmal stimmen. Wahrscheinlicher ist jedoch, dass die betreffende Person in Wahrheit aufgrund eines geringen Selbstwertgefühls allen Situationen aus dem Weg geht, in denen potenzielle Partner überhaupt nur in die Nähe kommen – und damit praktischerweise auch einem befürchteten Frustrationserlebnis vorbeugt.

Menschen, die so handeln, können sich sehr gut selbst etwas vormachen. Das ermöglicht es ihnen, ohne größere Gewissenskonflikte den Alltag zu bestehen. Allerdings entgeht ihnen mit dieser Form des Selbstbetrugs die Chance, herauszufinden, ob sie wirklich so unattraktiv sind, wie sie glauben zu sein. Die »Selbstbenachteiligung« liegt also darin, dass die selbstunsichere Person gar nicht erst versucht, sich einen hochfliegenden Wunsch zu erfüllen, sondern sich von vorneherein in eine Lage hineinmanövriert, in der ein Versuch gar nicht erst durchführbar ist.

Im Allgemeinen dauert ein Rausch des Verliebtseins zwei Jahre. In dieser Zeit haben die beiden Partner die Gelegenheit, ihre Beziehung zu festigen. Bei Frank und Heike hat das nicht geklappt, ihre beiden Beziehungsjahre wurden – zumindest von Heikes Seite – zur Verunsicherung und nicht zur Festigung benutzt. So sah Frank keine Veranlassung mehr, noch etwas für die Beziehung zu tun, als er die rosarote Brille wieder abgenommen hatte. Jetzt war er wieder fähig zu bilanzieren und konnte vernunftgemäß entscheiden, dass er nicht bei einer Frau bleiben möchte, die permanent sein Selbstwertgefühl angreift.

DER HEISSE TIPP

Wie Sie Ihrem Partner das Gefühl geben, einzigartig zu sein

Zeigen Sie Ihrem Partner immer wieder deutlich, dass er unabhängig von früheren Erlebnissen jetzt und in Zukunft im Mittelpunkt Ihrer Gefühle steht. Geben Sie ihm die Sicherheit, dass er in seinem Wesen einzigartig ist und Ihnen all das gibt, was Sie brauchen. Scheuen Sie sich nicht, ihrem Partner zu sagen, welche seiner Eigenschaften Ihnen besonders gut gefallen. Er oder sie wird sich auch darüber freuen, in einem Brief davon zu lesen. So wird deutlich, dass Sie Ihren Partner schätzen, aber auch, dass Sie ihn sehr gut kennen und nicht nur oberflächlich betrachten. Und welcher Menschen möchte nicht genau erkannt werden?

Sagen Sie Ihrem Partner auch konkret, was Ihnen beim Sex mit ihm (oder ihr) gut gefällt. Geben Sie sich die Mühe, etwas zu sagen, was Sie wirklich empfinden. Zum Beispiel: »Du bist schön in deiner Lust, wenn du zum Höhepunkt kommst.« Oder: »Ich liebe es, wenn dein Schwanz in meiner Hand wächst, es macht mich an, weil ich merke, dass es dir auch gefällt.« Oder: »Ich nehme dich gerne von hinten, weil

40

2 Beliebigkeit

ich dabei deinen prachtvollen Po sehen kann.« Oder: »Wenn ich deine Hand sehe, muss ich mir immer vorstellen, wie geschickt du damit an meinem Kitzler reibst; bei der Vorstellung werde ich sofort wieder feucht.« Sie verstehen uns sicher!

Und auch wenn wir uns jetzt wiederholen: Berichten Sie Ihrem aktuellen Partner nicht in leuchtenden Farben vom Sex mit einem oder einer Verflossenen. Das untergräbt das Selbstwertgefühl und stört die Intimität. Wenn der Sex mit Ihrem neuen Partner nicht so gut sein sollte wie mit dem alten, dann überlegen Sie sich, was Sie wie ändern könnten. Nehmen Sie Ihre Erfahrungen und Erkenntnisse aus früheren Zeiten als Anreiz, etwas zu verbessern – aber behalten Sie die Quelle für sich!

Es gibt natürlich immer sehr selbstunsichere Menschen, denen man nicht vermitteln kann, dass man sich in sie verliebt hat, denn sie sind nach dem Motto in der Welt unterwegs: Einer Person, die mich liebenswert findet, kann ich sowieso nicht glauben. Das sind Männer und Frauen, deren Selbstwertgefühl extrem niedrig ist, und hier stoßen Sie mit den genannten Tipps möglicherweise an unüberwindbare Grenzen. Aber Sie sollten trotzdem versuchen, Ihren Partner in seinem Selbstbewusstsein und Selbstwertgefühl zu stärken. Denn da der Ausgang immer unbekannt ist, sind in einer Liebesbeziehung die ersten Schritte, etwas zum Guten zu verändern, auf jeden Fall den Versuch wert.

Gekränktsein

Wer Sextipps meidet wie der Teufel das **Weihwasser,** tut sich keinen Gefallen. Wer aber auch noch beleidigt auf einen Vorschlag reagiert, weil der den bisherigen Gewohnheiten widerspricht, begeht eine unverzeihliche **Todsünde.** Denn es findet keine Gnade vor den Augen der Partnerin, wenn sie immer auf ihren **Orgasmus** verzichten muss.

»Der Grund für die Trennung war einfach verletzter Männerstolz«

*Berlin: Claudia (45) zeigt Ekkehard (49),
was Frauen wirklich wollen.*

Als ich Ekkehard kennenlernte, hatte ich – immer noch – fürchterlichen Liebeskummer. Zwei Jahre zuvor war ich dahintergekommen, dass mein damaliger Freund, mit dem ich zehn Jahre zusammen gewesen war, ein doppeltes Spiel mit mir trieb. Das hat mich richtig aus der Bahn geworfen. Er war meine große Liebe, und es fiel mir unendlich schwer, ohne ihn zu sein. Schließlich konnte meine beste Freundin mein Jammern nicht mehr hören und beschloss, dass ich einen neuen Mann kennenlernen müsse. Wir gingen zusammen in ihr Stammlokal. Ich war schon Jahre nicht mehr ausgegangen, außer natürlich mit meinem Exfreund. Aber davor, als ich jünger war, hatte ich schon so einige Männer kennengelernt. Ich hielt mich also nicht für unerfahren. Aber dann kam halt meine große Liebe, und wir haben auch im Bett ziemlich viel ausprobiert. Allerdings war ich in den letzten zwei Jahren nach der Trennung zu traurig, um mich für jemand anderen zu interessieren.

Ich spürte seinen festen Ständer

Meine Freundin wollte mich also mit einem bestimmten Mann verkuppeln. Das wusste ich aber nicht. Auf jeden Fall kam an

3 Gekränktsein

diesem Abend ein Mann zu uns an den Tisch, der sehr charmant war. Er hatte einen trockenen Humor, ich konnte mich wegwerfen vor Lachen. Plötzlich winkte meine Freundin einem zweiten Mann zu. »*Ach, der Ekkehard ist ja auch da!« Ich wunderte mich über den etwas altertümlichen Namen und erwartete einen glatzköpfigen, etwas langweiligen Herrn. Aber dann stand vor mir: George Clooney. Und zwar so, wie er in dieser Krankenhausserie* »*Emergency Room« den Kinderarzt Dr. Doug Ross gespielt hatte. Volle dunkle Haare, buschige Augenbrauen, braune Augen, markantes Kinn und schön geschwungene Lippen. Und witzigerweise hatte auch Ekkehard beruflich mit Kindern zu tun, allerdings als Lehrer. Ekkehard und der andere Mann kannten sich ebenfalls, und so haben wir einen tollen Abend zu viert erlebt. Als das Lokal zumachte, haben wir noch einen Absacker in einer Bar getrunken. Für meine Freundin waren die beiden alte Bekannte, so haben sich die Männer auf mich konzentriert. Und anscheinend waren sie beide zu haben. Ich habe mich gefühlt wie früher. Leicht, jung, attraktiv und unbeschwert. Zum ersten Mal konnte ich mir wieder vorstellen, dass mein Leben eine neue Richtung nehmen könnte.*

Als ich zu Hause war, hatte ich zwei SMS auf meinem Handy. Die eine von Ekkehard, die andere von dem anderen Mann. An diesem Abend schlief ich glücklich ein. Zum ersten Mal seit Jahren weinte ich nicht wegen meiner unglücklichen Liebe.

Beide Männer wollten mich wiedersehen. Aber ich hatte vor allem an Ekkehard Interesse. Er merkte das auch und fing an, mich jeden Tag anzurufen. Ich kann gar nicht beschreiben, wie gut mir das tat. Er erzählte viel von sich. Einmal erklärte er: »*Jemand, mit dem man sich befreunden will, soll doch wissen, auf wen er* sich einlässt.« Ich habe das so gedeutet, dass er wirklich an einer Beziehung mit mir interessiert war.

Das ging einen Monat lang so. Ekkehard hat eine schöne tiefe Stimme, und ich freute mich auf unsere Gespräche. Ich suchte mir im Internet ein Bild von George Clooney, das ihm zum Verwechseln ähnlich sah, und schaute es bei unseren Telefonaten an. Trotzdem war ich insgesamt noch gar nicht richtig bereit, wieder einem Mann zu vertrauen. Aber offenbar begann mein Körper, sich langsam aus seiner Erstarrung zu lösen. Ich hatte bemerkt, dass ich abends immer häufiger mit dem letzten Gedanken bei Ekkehard war und nicht mehr bei meinem Exfreund. Und dabei fühlte ich mich gut. **Irgendwann konnte es mir dann nicht mehr schnell genug gehen,** und ich lud ihn für den nächsten Abend zu mir nach Hause zum Essen ein.

Ich habe Spargel gekocht, er hat einen feinen Weißwein mitgebracht, und so saßen wir an einem schönen warmen Maiabend auf dem Balkon. Er kam von einer Schulkonferenz und war noch im Anzug. Schick, schick, schick! Ich steh sowieso auf Männer, die sich elegant anziehen können. Als ich Wein nachholen wollte, kam er mir nach. Am Kühlschrank stellte er sich so hinter mich, dass ich beim Aufrichten direkt in seinen Armen landete. Er nahm meinen Kopf in seine Hände. Ich registrierte, dass er etwas größer war als mein Exfreund und ein bisschen kräftiger. Er beugte sich zu mir herunter und gab mir mit weichen Lippen einen zärtlichen Kuss. Ich roch ein gutes Parfüm, das ich nicht kannte. Ich stellte mich auf Zehenspitzen, wir drückten uns aneinander, und ich spürte mit Freude seinen festen Ständer. Er fasste unter mein Kleid an meinen Po und zog mich noch fester an

sich heran. Sein Anzug war aus nachgiebigem Stoff. Ich trug ein
leichtes Sommerkleid und konnte seinen Ständer genau spüren.
Wir rieben uns aneinander, bis sein Ständer genau zwischen den
Lippen meiner Vagina zu liegen kam. Ohne den Stoff zwischen uns
hätte er jetzt in mich eindringen können. Wir bewegten uns keinen
Millimeter mehr voneinander weg. Ich hatte das Gefühl, von mei-
ner eigenen Feuchtigkeit überschwemmt zu werden, und war hun-
dertprozentig bereit, diesen schönen, festen Schwanz in mir aufzu-
nehmen. »*Lass uns ins Schlafzimmer gehen. Den Wein können*
wir später trinken«*, schlug Ekkehard vor. Es war alles perfekt.*

Er legte sich auf mich und drang in mich ein

Im Schlafzimmer zog sich jeder alleine aus. Ich mag das nicht,
wenn jemand an meinen Kleidern rumfummelt, und ich finde, ein
Mann kann sich seinen Slip auch ganz gut selbst runterstreifen.
Ich war als Erste fertig, legte mich ins Bett und schaute ihn an. Das
klingt jetzt vielleicht kitschig, aber ich liebkoste ihn mit meinen
Blicken. Ich bemühte mich, ihn nicht anzustarren, aber ich konnte
einfach nicht weggucken.

Er legte sich neben mich, und wir fassten uns an. Zum ers-
ten Mal seit so langer Zeit wieder fremde Haut. Sein Ständer war
jetzt ein bisschen schwächer als vorhin. So streichelten und küss-
ten wir uns. Bis jetzt war alles noch wunderbar. Ich stellte mir vor,
ihn gleich ganz und gar in mir zu spüren, und konnte an gar nichts
anderes mehr denken. Doch leider wurde sein Schwanz immer
weicher und kleiner. Nach meiner Erfahrung passiert das Män-
nern beim ersten Mal häufig. Das ist wahrscheinlich die Ver-
sagensangst. Würde ich jetzt weiter an ihm rummachen, geriete

er nur noch mehr unter Erfolgsdruck, und es ginge gar nichts mehr. Deswegen verhalte ich mich in solchen Momenten immer möglichst unbefangen und tue so, als hätten wir gar nicht vorgehabt, schon jetzt miteinander zu schlafen. So kann ein Mann sein Gesicht wahren, er muss nichts erklären und nichts beweisen, und irgendwann kommt der Ständer schon von ganz alleine wieder. »Machen wir doch mal eine kleine Pause. Ich hole unseren Wein ans Bett«, kündigte ich ihm an. Als ich wiederkam, saß er gemütlich an die Wand angelehnt und begann, mir eine lustige Geschichte aus seiner Vergangenheit zu erzählen. Ich stieß mit ihm an, schmiegte mich an ihn und zeigte ihm, dass alles in Ordnung war. Später gab ich ihm eine Zahnbürste, und wir legten uns schlafen. Ich drehte ihm den Rücken zu und drückte meinen Po an sein Becken. Und da ging es mit einem Mal weiter. Sein Ständer wuchs wieder, Ekkehard legte sich auf mich und drang in mich ein. Ich war erleichtert. **Wir begannen uns zu bewegen, uns zu küssen, uns anzufassen. Wir fanden in einen gemeinsamen Rhythmus hinein.** Und dann – kam er. Er stöhnte kurz, entspannte sich und blieb auf mir liegen. Seinen Schwanz ließ er in mir drin. Ich war überrascht. Es waren doch erst drei oder vier Minuten vergangen, oder? Das war doch kein richtiger Sex! Das war noch nicht einmal ein Vorspiel. Na ja, andererseits hatte es auch wieder etwas, dass er jetzt so ganz bei mir blieb. Ich merkte, wie sein Sperma langsam aus mir herauslief, und fand das schön und hingebungsvoll. Ekkehard begann tiefer zu atmen und schien wirklich einzuschlafen. Sein Schwanz wurde kleiner und rutschte irgendwann von selbst aus mir heraus. Als mein Bein

*zu kribbeln anfing, bewegte ich mich, und er drehte sich zur
Seite. »Daran können wir ja noch arbeiten«, dachte ich mir
und versuchte auch einzuschlafen.*

Ich habe in all den Wochen keinen Orgasmus erlebt

*Von da an besuchte mich Ekkehard mehrmals in der Woche.
Es war ein schöner Sommer, und wir saßen immer noch lange
auf dem Balkon und unterhielten uns. Er zog mich dann oft zu
sich heran, sodass wir ganz eng beieinander saßen. Ich roch
seinen Atem, sein Parfüm, ich spürte seinen Ständer und war
immer wieder aufs Neue erregt. Aber im Bett kamen wir nicht
weiter. Es war zwar nie mehr ein Problem für ihn, in mich einzu-
dringen. Aber es ging mir zu schnell. Immer nach ein paar Mal
Hin- und Herbewegen war das Vergnügen schon wieder vorbei,
und er schlief ein. Ich hatte in all den Wochen noch keinen Orgasmus erlebt. Was sollte ich nur machen?*

*Eines Abends fragte ich ihn, ob wir mal etwas Neues aus-
probieren könnten. Er murmelte irgendwas, was ein »Ja«, aber
auch ein »Nein« sein konnte. Ich erklärte ihm, dass ich als Frau
ein bisschen länger brauche, um zum Orgasmus zu kommen, und
schlug ihm vor, meinen Vibrator zu Hilfe zu nehmen. Also, begeistert hat er nicht geschaut. »So was hab ich noch nie gemacht«,
brummte er, »ich weiß nicht, ob ich das kann.« Ich hab ihm dann
den Vibrator in die Hand gegeben und seine Hand ein bisschen
geführt. Aber er sah so unglücklich dabei aus, dass er mir richtig
leidtat und ich zu ihm meinte, das sei doch nur ein Vorschlag
gewesen. Erleichtert legte er den Kunstpenis weg, drang in mich
ein – und ein paar Minuten später waren wir wieder fertig.*

Tja, und das war auch schon die ganze Geschichte. Nach diesem missglückten Abend schrieb er mir in einer E-Mail, dass er für ein paar Tage seine Eltern besuchen werde, auch um über einiges nachzudenken, dass ich mir aber keine Sorgen machen solle. Eine Woche später, während der er tatsächlich kein einziges Mal angerufen hat, kam eine neue E-Mail: Er wolle mir nicht etwas vorgaukeln, was nicht da sei. Er habe die langen Gespräche auf dem Balkon und die sexuellen Ausflüge sehr genossen. Aber er habe das Gefühl, ich würde mehr von ihm wollen, womöglich einen neuen Partner in ihm sehen, was er aber nicht sein könne. Deswegen würde er sich schlecht vorkommen, meinen Hoffnungen auch nur eine Minute länger weiteren Nährboden zu geben.

So eine schöne, formvollendete Absage! Weswegen er sich nun aber wirklich von mir getrennt hat, weiß ich bis heute nicht. Vielleicht wirkte ich mit meinem Liebeskummer tatsächlich zu bedürftig? Vielleicht war ich zu emotional, wenn ich ihn manchmal voller Glück anschaute? Vielleicht habe ich mir auch ein falsches Bild von ihm, meinem George Clooney, gemacht? Vielleicht aber hatte auch er anfangs etwas anderes in mir gesehen, was ich nicht für ihn sein konnte? So viele Fragen. Aber je mehr Zeit verstrich, desto überzeugter wurde ich, dass Ekkehard den Vibrator wahrscheinlich als Eindringling in sein Revier verstanden hat. Der Grund für die Trennung war einfach nur verletzter Männerstolz. Aber was soll man dagegen machen? Wie hätte ich ihm klarmachen können, dass mir nicht gefiel, was er machte, und er so leicht Abhilfe hätte schaffen können, was er aber nicht tun konnte, weil er gekränkt war? Ich habe Ekkehard nie mehr angerufen und ihn bis heute nicht mehr wiedergesehen.

3 Gekränktsein

Oswalt Kolle

ganz persönlich

»Er sollte dankbar sein, wenn eine Frau ihm genau sagt, was sie im Bett möchte«

Zunächst etwas ganz Grundsätzliches: Wer keine Kritik verträgt, steht mit dem Rücken an der Wand. Ein starker Mann kann auch im Bereich der Sexualität akzeptieren, dass er bestimmte Schwächen hat. Nur ein schwacher Mann regt sich auf, wenn er auf seine Schwächen angesprochen wird. Dabei sollte er doch dankbar sein, wenn eine Frau ihm genau sagt, was sie im Bett möchte.

Claudia in unserer Geschichte möchte beim gemeinsamen Sex zum Höhepunkt kommen. Dies ist ein legitimer Wunsch. Und vielleicht hatte sie zudem im Sinn, ihrem Freund zu helfen, denn ein sexueller Akt, der länger als ein paar Minuten dauert, ist im Allgemeinen auch für einen Mann befriedigender als eine schnelle Abhandlung. Für den Höhlenmenschen in der Steinzeit galt dies sicher noch nicht: Wenn er beim Sex bemerkte, dass schon der Bär vor dem Eingang die Tatzen leckt, war er höchstwahrscheinlich froh, den Sexualakt schnell zu Ende bringen zu können. Auch als bereits zivilisierter Mensch war der Mann die längste Zeit in der Menschheitsgeschichte nicht dazu angehalten, Rücksicht auf die Frau zu nehmen. Zumindest nicht hier im westlichen Kulturkreis. Denn tatsächlich ist es erst seit den 1930er-Jahren wissenschaftlich nachgewiesen, dass auch eine Frau Lust am Sex empfindet. Und dann bedurfte es noch der Erfindung der »Pille« in den 1950er-Jahren, damit sich Frauen ohne Angst vor einer Schwangerschaft ihren

Empfindungen hingeben konnten. Sex war also meistens ein reiner Männersport, und die Herren der Schöpfung sahen keine Veranlassung, sich auf die Frau einzustellen. Entsprechende Ideen mögen sicher bei vielen Männern noch eine Rolle spielen.

Aber selbst wenn man all diese Aspekte berücksichtigt, reagierte Ekkehard sehr heftig. Er flüchtete ja regelrecht. Ich vermute deshalb, dass Ekkehard auch schon früher von anderen auf dieses Thema angesprochen worden ist. Männer, die immer zu schnell kommen, wissen meist genau, es entgeht ihnen und ihrer Partnerin viel an Genuss. So hat Claudia sehr wahrscheinlich einen wunden Punkt getroffen, und er wollte sich reflexhaft schützen.

Vielleicht wäre die Geschichte anders verlaufen, wenn Claudia ihrem Freund erst einmal sensibel erklärt hätte, wann und wie sie zum Orgasmus gelangt und wie er mit seinen Fingern dazu beitragen kann, anstatt ihm einen Vibrator in die Hand zu drücken. Als Mann könnte man diese Erklärungen wunderbar aufgreifen, zum Beispiel durch gemeinsame Masturbation (siehe auch Tipp auf Seite 59). Denn das Problem der zu frühen Ejakulation tritt meistens beim Eindringen auf und nicht bei anderen sexuellen Aktivitäten. Ich kann mir denken, dass es Ekkehard auch leichter gefallen wäre, Claudia mit dem Vibrator zu befriedigen, wenn er einmal hätte beobachten können, wie viel Lust ihr die Selbstbefriedigung bereitet. Wenn die Frau dann kurz vor dem Orgasmus steht, ist das ein guter Zeitpunkt, um entweder nacheinander mit den Hilfsmitteln oder gemeinsam und vereinigt den Orgasmus zu erleben.

Wie auch immer: In einer guten Partnerschaft müssen prinzipiell beide dazu bereit sein, Anregungen vom Partner sowie sexuelle Hilfsmittel in Anspruch zu nehmen. Es geht nicht immer alles von alleine.

3 Gekränktsein

Wie lange ist richtig, und was lehren die alten Bücher der Liebeskunst?

In Claudias Geschichte geht es – unter anderem – um die richtige Dauer von Sexualität. Ekkehard scheint mit wenigen Minuten zufrieden zu sein, Claudia aber benötigt wohl, wie viele Frauen, eine deutlich längere sexuelle Betätigung, um zu einem Höhepunkt zu kommen. Dieses Problem wäre aber sicher gemeinsam lösbar, wenn da nicht noch ein weiterer Faktor erschwerend mitspielen würde, nämlich dass sich Ekkehard nichts sagen lässt, sondern sich offenbar sofort angegriffen fühlt.

Mit drei Minuten waren einige Experten schon zufrieden

Doch bleiben wir beim Thema Zeit: Wie lange ist richtig? Diese Frage stellten die US-Psychologen Eric Corty und Jenay Guardiani am Behrend College 50 Mitgliedern der Society for Sex Therapy and Research (Gesellschaft für Therapie und Erforschung der Sexualität) in den Vereinigten Staaten und in Kanada. 44 davon antworteten. Sie waren der Meinung, Sex (ohne Vorspiel, nur der eigentliche Geschlechtsakt), der ein bis zwei Minuten dauert, sei zu kurz. Aber mit drei Minuten waren einige Experten schon einverstanden. Und mehr als 13 Minuten hatte niemand gefordert. Irgendwo zwischen drei und 13 Minuten scheint also der sexuelle Himmel zu liegen. Damit wäre Ekkehard also gerade noch im akzeptablen Bereich. Erstaunlicherweise waren die Psychologen von den Antworten sogar sehr angetan, da diese die Männer vom Leistungsdruck befreien würden. »Die Leute werden sagen: ›Ich kann fünf Minuten‹ oder ›Mein Partner schafft acht Minuten‹, und sich dann denken: ›Das ist okay‹. Sie werden ein wenig entspannter an die Sache herangehen«, sagte Corty zur Veröffentlichung seiner Ergebnisse. Die US-Sexualtherapeuten sagten im Prinzip: So, wie die Menschen ihren Sex praktizieren, ist es okay, solange er nicht kürzer als drei Minuten dauert. Allzu weit entfernt sind die Psychologen damit nicht von der realen Situation in deutschen Betten. Denn verschiedene Befragungen nach der Dauer des Sexualaktes erbrachten einen Mittelwert um die fünf Minuten.

Die Zeitangaben von drei beziehungsweise fünf Minuten als minimale Dauer für den Geschlechtsakt sind auch auf andere Weise wissenschaftlich festgelegt: Von einem vorzeitigen Samenerguss, also einer Ejaculatio praecox, spricht die Medizin, wenn der Sexualakt unter zwei Minuten dauert (wahlweise manchmal auch, wenn der Mann weniger als sieben Beckenbewegungen bis zum Orgasmus benötigt). Das heißt, mit einer Dauer von mehr als zwei Minuten beginnt laut Wissenschaft der »richtige« Geschlechtsverkehr.

Man soll den Sex genießen und sich dafür Zeit nehmen

Allerdings beklagt sich Claudia über die zu kurze Dauer, und diese Klage kommt einem nicht sonderlich neu vor. Es drängt sich die Vermutung auf, dass die Sexualwissenschaft bislang hauptsächlich von Männern betrieben und geschrieben wurde, denen natürlich die weibliche Sicht auf den Sexualakt fehlt. Denn die Forscher gehen offensichtlich davon aus, dass der gemeinsame Sexualakt mit dem Orgasmus des Mannes beendet ist.

Schauen wir deswegen einmal in die traditionellen Schriften zum Thema Liebe und Sexualität. In ihnen wird teilweise eine bedeutend

3 Gekränktsein

längere Zeitspanne für den Sexualakt empfohlen, sogar bis zu einigen Stunden. Dies lehrt zum Beispiel der Taoismus, die altchinesische Volksreligion, zu der auch eine sexuelle Weisheit des Liebens gehört. Und das ist auch so im Tantra, einer Strömung der altindischen Philosophie. Aus dem Tantra ist unter anderem das »Kamasutra« hervorgegangen, ein Lehrbuch der Liebeskunst, für das der Gelehrte Vatsyayana Mallanaga (um 250 v. Chr.) die Schriften dreier unterschiedlicher Autoren zusammengefasst hat. Hier überall ist von einer bedeutend längeren Dauer des Sexualaktes die Rede, als sie die moderne westliche Wissenschaft fordert. Und dies scheint nicht einmal ein Kennzeichen der östlichen Liebeskunst zu sein, denn in unserem Kulturkreis findet sich antikes Schriftgut, das sich ebenfalls mit der ausgiebigen sexuellen Begegnung befasst. Gemeint ist der römische Dichter Ovid, der mit seiner »Liebeskunst« (1. Jahrhundert v. Chr.) drei schöne Bücher geschrieben hat, die zwar an Ausführlichkeit und Deutlichkeit hinter dem Kamasutra zurückstehen, aber dafür mit Humor, Esprit und reichen psychologischen Beobachtungen aufwarten.

Und so unterschiedlich die Verfasser und die Adressaten von »Kamasutra«, den taoistischen Schriften und Ovids »Liebeskunst« auch sind, in einem Punkt besteht Einigkeit: Man soll den Sex genießen und sich dafür Zeit nehmen. »Glaube mir, die Wonne der Venus darf nicht überstürzt, sondern muss allmählich durch langes Verzögern hervorgelockt werden. … Und lass du nicht die Geliebte im Stich, indem du ihr mit volleren Segeln vorauseilst, und auch sie soll nicht deiner Fahrt voraus sein. Eilt gemeinsam zum Höhepunkt … So musst du es halten, wenn euch genügend Zeit und Muße zur Verfügung steht und keine Furcht euch bei eurem heimlichen Tun zur Eile zwingt.« So rät Ovid im zweiten Buch seiner »Liebeskunst« (Zeilen 717 bis 730).

In den östlichen Traditionen wird stärker das Metaphysische des Liebesaktes herausgearbeitet. Sexualität wird als ein Mittel gebraucht, um besondere Gefühle und Erfahrungen des Einsseins zu erzeugen. Dieses mystische Element in der Sexualität ist ebenfalls nicht in wenigen Minuten herzustellen. In diesem Zusammenhang betont zum Beispiel in einer taoistischen Schrift (um 600 n. Chr.) ein sogenanntes Dunkles Mädchen gegenüber dem Gelben Kaiser, wie wichtig es ist, dass Mann und Frau ihren Höhepunkt so lange wie möglich zurückhalten. Der Weg ist das Ziel, nicht der Abschluss, das wird in diesen Schriften vermittelt.

Warum das Hinauszögern manchmal so schwer ist

Wer allerdings selbst nicht steuern kann, wann er zum Orgasmus kommt und deswegen spontan den Höhepunkt meist sehr früh erreicht, besitzt nicht die Freiheit, mit einer ausgiebigen Sexualität die Beziehung und die Gesundheit zu pflegen. Dies betrifft nach unserer Kenntnis hauptsächlich Männer, wie zum Beispiel Ekkehard in Claudias Geschichte. Solche Männer haben eine sehr niedrige Orgasmusschwelle, das heißt, der Orgasmus setzt schon ein, wenn sich die Erregung noch auf einem geringen Niveau befindet. Weswegen das Hinauszögern manchmal so schwer ist, hat verschiedene Ursachen. Wir reden dabei nicht von gelegentlichen Vorkommnissen, die auf Stress oder Aufregung zurückzuführen sind. Es geht hier um den dauerhaft zu früh einsetzenden Orgasmus. Nach neuester Erkenntnis liegt im Gehirn oft ein Mangel oder ein Ungleichgewicht von Botenstoffen (Neurotransmittern) vor, ähnlich wie bei einer Depression. Deshalb haben Ärzte betroffenen Männern oft kurzfristig ein antidepressiv wirkendes Mittel der neuen Art verschrieben, einen sogenannten selektiven Serotonin-Wiederaufnahmehemmer (SSRI): Ein solches Antidepressivum blockiert die

Transportstoffe, welche den wichtigen Botenstoff Serotonin nach erfolgter Signalübertragung zwischen zwei Nervenzellen wieder in seine Speicherplätze zurückbefördern. Das Serotonin verbleibt so länger am Wirkort, und damit steigt seine Wirksamkeit als Botenstoff. Auf eine noch nicht geklärte Weise spielt dieser Botenstoff Serotonin eine zentrale, hemmende Rolle für die Ejakulation. Das heißt, der vorzeitige Orgasmus kann über eine entsprechende Medikation beeinflusst werden. Mittlerweile ist ein Medikament mit dem Wirkstoff Dapoxetin auf dem Markt, bei dem es sich ebenfalls um einen SSRI handelt. Zwar ist das Medikament nicht dazu geeignet, die Anfälligkeit für den vorzeitigen Orgasmus zu therapieren, doch unter der Medikamenteneinnahme gelingt es, länger durchzuhalten. Im Mittel wird die Zeit bis zur Ejakulation – gemessen ab dem Eindringen des Penis in die Scheide – von einem Ausgangswert von 0,9 Minuten auf über drei Minuten verlängert. Dapoxetin wird drei bis vier Stunden vor dem Geschlechtsverkehr eingenommen.

Ein Problem, das ein Paar gemeinsam lösen sollte

Die biochemische und genetische Erforschung des vorzeitigen Orgasmus hat neue Aspekte über seine Ursachen in die Diskussion gebracht. Denn bislang ging man davon aus, dass ein vorzeitiger Orgasmus rein psychisch bedingt sei. So wurde er als Zeichen einer Verachtung gegenüber der Frau gewertet, nach dem Motto: Du bist es mir nicht wert, dass ich meinen Orgasmus so lange aufspare, bis du auch etwas davon hast. Frauen gelingt diese Art von subtiler Entwürdigung übrigens auch, indem sie, natürlich ebenfalls unbewusst, nicht zum Orgasmus kommen. Dann lautet die Botschaft: Was bist du nur für ein Loser, du schaffst es nicht einmal, mich zum Höhepunkt zu bringen.

Heute hingegen wird vieles auf die Genetik zurückgeführt, so auch die Serotoninsituation im Gehirn. Wahrscheinlich handelt es sich aber um ein multifaktorielles Geschehen, bei dem sowohl die Gene als auch die Psyche und die Einstellung zur Partnerin beziehungsweise zum Partner eine wichtige Rolle spielen.

Der frühe Orgasmus ist jedenfalls ein Problem, das ein Paar gemeinsam lösen sollte, auch mit einem professionell geleiteten Paargespräch. Dabei können beide einige Verhaltensweisen lernen, um den Sexualakt zu verlängern und zu der Erkenntnis gelangen, dass nicht der Orgasmus das Wichtigste am Sex ist, sondern das intime Zusammensein mit dem Partner.

Der Weg ist das Ziel. – Eine solche Einstellung hätte auch Ekkehard und Claudia gutgetan. Das Eindringen ist ein Aspekt der Sexualität. Andere Aspekte sind, dass man sich gerne gegenseitig anfasst und dass es einem gefällt, wenn der Partner – auf welche Weise auch immer – in Lust und Befriedigung schwelgt, und dass dies einen selbst wiederum richtig anmachen kann.

3 Gekränktsein

DER HEISSE TIPP

Wie Sie den Orgasmus hinauszögern und damit die Lust am Sex steigern

Gegen den vorzeitigen Samenerguss gibt es einige Hilfen, sowohl mentale als auch medikamentöse. Beim Sex, wenn sich die Erregung verstärkt, hilft kurz vor dem Höhepunkt eine Ablenkung. Denken Sie an ein Schachspiel, lösen Sie Rechenaufgaben, denken Sie an Ihre Steuererklärung. Egal was, solange es nur nichts mit Sex zu tun hat. Das bringt Ihren Penis so sehr aus dem Konzept, dass er leicht schwächelt und es nicht zum Orgasmus kommt. Wenn Sie merken, dass Sie trotzdem gleich kommen, sollten Sie schleunigst Ihren Penis herausziehen. Dann sagen Sie ihrer Partnerin einfach, dass Sie sehr erregt sind, aber jetzt noch nicht kommen möchten.

Sie können auch alleine trainieren, später zu kommen, indem Sie bei der Selbstbefriedigung immer kurz vor dem Höhepunkt mit dem Reiben aufhören und eine kleine Pause machen. So lernen Sie, sich an den Orgasmus heranzutasten. Ihr Orgasmus kommt dann nicht mehr so überraschend und wie aus heiterem Himmel. Sie lernen dadurch, den Moment kurz vor dem Samenerguss genauer zu spüren, und wissen dann auch beim Zusammensein mit der Partnerin, wann Sie gegensteuern sollten. Übungen mit der Partnerin sind ebenfalls hilfreich: Zeigen Sie sich gegenseitig, wie Sie sich selbst befriedigen. Wenn Sie merken, dass Sie bald kommen werden, stoppen Sie Ihre Bewegungen. Auch das ist ein gutes Training, um die Erregung länger auszuhalten.

Es hilft alles nichts? Wie wäre es dann mit einer medikamentösen Unterstützung? Nicht dauerhaft, nur vorübergehend, um einmal ein Gefühl für die längere Ausdauer zu bekommen. Am einfachsten geht es mit einem Wirkstoff, der die Empfindlichkeit heruntersetzt. Sprühen Sie ihn kurz vor dem Geschlechtsverkehr auf die Eichel. Geeignet sind Lidocain und Capsicum, die eigentlich als lokale Betäubungsmittel bekannt sind, aber in niedriger Dosierung gegen Übererregbarkeit wirken. Oder sprechen Sie mit Ihrem Arzt über das neue Medikament auf der Basis eines Serotonin-Wiederaufnahme-Hemmers (siehe oben).

Sie sollten sich als Mann aber nicht nur darauf konzentrieren, Ihren Orgasmus so lange wie möglich hinauszuzögern, sondern genauso auch darauf schauen, wie es Ihrer Partnerin geht. Wie wäre es zum Beispiel damit, sie mit verschiedenen Hilfsmitteln ausgiebig zu stimulieren, sodass sie schon zu einem oder mehreren Orgasmen kommt, bevor Sie eindringen? Zum Stimulieren können Sie auch einfach Ihre Finger nehmen und damit an ihrem Kitzler reiben. Die Frau soll Ihnen dann ruhig zeigen, wie es ihr am besten gefällt – lieber fester und ungestümer oder doch eher zärtlicher und langsamer. Auch mit der weichen Eichel des erigierten Gliedes lässt sich die Klitoris auf wunderbare Weise reizen. Dabei kann sowohl die Frau als auch der Mann den Penis führen. Denn niemals vergessen: Wenn Sie miteinander Liebe machen, heißt es niemals »dein Penis« oder »mein Penis«, sondern »unser Penis«. Wer ihn mag, kann ihn gebrauchen. Schließlich können Sie Ihre Partnerin auch mit der Zunge bis zum Orgasmus lecken, und zum Eindringen können Sie einen Kunstpenis (Dildo) verwenden.

Wichtig ist immer: Lassen Sie sich nicht drängen, auch wenn die Frau es sich wünscht, dass Sie endlich eindringen. Warten Sie damit so lange, bis Sie das Gefühl haben, Ihre Partnerin ist auf ihre Kosten

3 Gekränktsein

gekommen. Das muss Ihnen nicht unangenehm sein, Sie können ja sagen, dass Sie es sich noch ein bisschen aufsparen möchten.

Die Dauer von Sexualität ist natürlich situationsbedingt. Wenn Sie sich wochenlang nicht gesehen haben und in 30 Minuten das Haus voller Gäste sein wird, bleibt nicht viel Zeit für raffinierte erotische Spiele. Da ist ein erster schneller Akt wahrscheinlich genau das, was Sie in dem Moment brauchen. Ebenso wenn Sie sich den ganzen Abend schon angeturnt haben und es dann einfach nicht mehr aushalten.

Ein Paar sollte aber auch die Freiheit haben, den Sexualakt zu inszenieren und zu zelebrieren, vor allem in einer längeren Beziehung. Dazu muss man sich zunächst einmal von der abschlusszentrierten Vorstellung von Sexualität lösen, die bei den meisten Menschen in unserem Kulturkreis vorherrschend ist. Wenn nun aber der Sexualakt wichtig wird und nicht der Höhepunkt, dann gelten neue Spielregeln. Dafür können uns Drehbuchautoren oder Filmregisseure von Krimis ein Vorbild sein. Sie achten darauf, dass es bis zum Schluss nie langweilig wird, und arbeiten mit spannenden und entspannenden Elementen. Werden Sie doch zu Regisseuren Ihrer gemeinsamen Lust: Manche Sexpraktiken sind auf Zärtlichkeit und Gefühl ausgerichtet, wie Küssen und langsame innige Bewegungen. Diese lösen Sie nach einer gewissen Zeit durch eine besonders erregende Etappe ab. Dabei können Sie Ihren Partner so weit reizen, bis Sie um einen Orgasmus angefleht werden. Oder Sie machen spielerisch das Gegenteil von dem, was der Partner will – bis Sie dann doch nachgeben. Nun legen Sie eine Pause ein, in der Sie sich gegenseitig massieren, bis die Berührungen wieder in Verlangen umschlagen. Wichtig ist, dass Sie immer mit dem Partner in »Gefühlskontakt« bleiben. Das bedeutet: Beobachten und erspüren Sie ihn aufmerksam, damit Sie merken, ob Sie beide noch im gleichen »Film« sind.

Achtlosigkeit

Wer Sex macht, soll Sex machen. Und wer über seine **Steuererklärung** nachdenkt, soll darüber nachdenken. Aber bitte alles zu seiner Zeit und nicht gleichzeitig, denn das wäre eine Todsünde. Gedanken, die nichts mit **Sex, Liebe und Genuss** zu tun haben, gehören nicht aufs Liebeslager. Denn sie verhindern, dass wir **achtsam** miteinander umgehen.

»Wir vögelten, und sie sagte: ›Ich bin gespannt, was es morgen zu essen gibt‹«

*Frankfurt: Johannes (35) ist irritiert
von Sandras (29) Worten im Bett.*

Sandra war eine junge, dralle Frau mit großen Titten und einem schönen Arsch. Sie war mir schon im Flugzeug aufgefallen. Wir waren alle zu einer Fachmesse für Sanitär-, Heizungs- und Klimatechnik nach Frankfurt gekommen. Diese Messe heißt in unserem Jargon auch »Interklo«, den Grund dafür muss ich jetzt wohl nicht erläutern. Jedenfalls ist die ganze Branche dort vertreten, und einige hübsche Standbetreuerinnen sind auch immer dabei. Sandra mit ihren üppigen Kurven war so eine Frau, auf die alle Männer schauten.

Sie trug nur einen Stringtanga und einen BH, aus dem die Brustwarzen rausschauten

Abends beim Wein in der Unterschweinstiege, wo wir seit Jahren immer einkehren, ist sie mir wieder begegnet. Wir tanzten. Und bei den Klängen von Stevie Wonders »I just called to say I love you« fragte sie mich doch tatsächlich, ob ich als Sanitärfachmann nicht den Wasserhahn in ihrem Zimmer untersuchen könnte, der würde tropfen. Man muss wissen, dass wir hier von einem besseren Hotel reden, sodass ihre Bemerkung schon fast komisch war. Aber uns beiden war sowieso klar, was sie eigentlich meinte.

4 Achtlosigkeit

Oben in ihrem Zimmer habe ich das Spiel zuerst einmal mitgemacht und den Wasserhahn in ihrem Bad angeschaut, bis sie energisch meinte: »Komm, lass das mal.« Ich drehte mich zu ihr um. Sie hatte ihr leichtes Sommerkleid, das sich vorne aufknöpfen ließ, bereits geöffnet und sich aufs Bett gelegt. Super sah sie aus: Sie trug nur einen Stringtanga und einen BH, aus dem die Brustwarzen rausschauten. Alles an ihr war so üppig. Ich bekam einen Riesenständer, legte mich neben sie, presste mich an sie, fasste an ihre Titten und leckte ihre Brustwarzen. Sie sah einfach geil aus. Ich hatte sofort die schmutzigsten Fantasien. Zum Beispiel ihren Arsch zu ficken oder meinen Schwanz in ihre Titten zu vergraben.

Wenn man sie sah, konnte man nur noch an endlosen, versauten, heißen Sex denken. Sie griff mit ihrer Hand an meinen Ständer und meinte: »Damit müssen wir was tun.« Dann öffnete sie meinen Gürtel und meinen Reißverschluss, den Rest zog ich selber aus.

Das alles machte mich wahnsinnig an. Doch dann geschah etwas Unerwartetes: Von dem Moment an, an dem wir beide nackt waren, war die Spannung weg, es wurde richtig langweilig. Sandra legte sich gleich auf den Rücken und spreizte die Beine. Ich fasste ihr an die Möse. Sie war nass. Ich war, wie gesagt, einfach maßlos scharf auf sie und drang gleich in sie ein. Sie war schön eng, es fühlte sich gut an. Aber sie wurde gar nicht geil und ließ mich einfach machen. Sie blieb reglos auf dem Rücken liegen, schaute schräg an mir vorbei auf die Wand hinter mir und war wie eine Puppe. Ich fickte sie weiter, dachte mir aber schon: »Das wird kein doller Sex mehr.«

Ich stellte mir vor, dass sie mir ihren Arsch entgegenrecken würde

Der Tag war sehr warm, trotzdem hatte Sandra die Klimaanlage im Zimmer ausgestellt. So begannen wir zu schwitzen. Sie sagte: »Moment mal«, und drehte sich aus dem Bett, um nach einem Handtuch zu greifen. Dabei konnte ich auf ihren wunderschönen Arsch sehen. Ich hab sie festgehalten und wollte sie von hinten nehmen. Aber sie tat ganz entrüstet und wehrte mich mit den Worten ab: »So einen Schweinkram mache ich nicht.« Dann haben wir uns halt einfach nur abgetrocknet.

Dank meiner Jugend damals hatte ich keine Probleme mit Härte und Ausdauer meines Ständers, wir haben anschließend weitergefickt. Sandra bewegte sich immer noch nicht. Sie machte auch keine Anstalten, daran etwas zu ändern. Ich schlug ihr deshalb vor, die Stellung zu wechseln, sie sollte auf mir reiten. Auf diese Weise hätte ich die Hände frei und könnte mehr mit ihr machen, überlegte ich mir. Aber sie antwortete nur, dass sie das nicht möge. Da habe ich es aufgegeben, sie ermuntern zu wollen, mir aber so einige Fantasien erlaubt.

Ich stellte mir vor, dass sie sich auf den Bauch drehen, mir ihren Arsch entgegenrecken und ihre Arme weit nach vorne strecken würde. Ich würde dann von hinten in sie eindringen und mich gleichzeitig nach vorne beugen und ihre Brüste massieren. Und als ich auf ihre Titten schaute, die sich bei jedem meiner Stöße mitbewegten und wogten, malte ich mir aus, meinen Schwanz dazwischenzulegen und ihn so lange zu reiben, bis ich zum Höhepunkt kommen und gegen ihr Gesicht spritzen würde. Das war die Fantasie, die mich am meisten erregte.

4 Achtlosigkeit

Auf diese Weise vögelten wir – oder besser, vögelte ich – weiter, bis Sandra ein paar Minuten später wieder etwas sagte, und zwar: »Ich bin ja mal gespannt, was es morgen zu essen gibt. Die Nudeln heute waren ja nicht so klasse.« Ich dachte, ich hör nicht richtig. Da war bei mir endgültig Feierabend. Mein Schwanz erschlaffte, und es ging gar nichts mehr. Wenn eine Frau so wenig bei der Sache ist, dann macht mir das auch keinen Spaß. Mein Schwanz zog sich regelrecht aus ihr raus. Ich lag dann neben ihr wie bestellt und nicht abgeholt, unschlüssig, wie ich die Situation noch retten könnte, bis sie sagte: »Ach, so wichtig ist das auch nicht.« Daraufhin habe ich mich schnell angezogen und mich wieder ins Tanzvergnügen gestürzt. Dort lernte ich eine hübsche Jugoslawin kennen, und mit der wurde die Nacht dann doch noch richtig gut.

Oswalt Kolle

ganz persönlich

»Vielleicht macht sie sich wenig aus (dieser) Sexualität«

Die Initiative zu dieser kurzen Begegnung ging von Sandra aus. Sie hatte Johannes auf ihr Zimmer gelockt und wollte Sex mit ihm. Sie war ganz offensichtlich auch erregt. Doch nach dem Eindringen verlor sie das Interesse. Sie wurde passiv und klinkte sich aus. Die Bemerkung über das Essen ist ein Symptom dafür – und gar nicht unbedingt die Ursache –, dass der Sex für beide zu einer Enttäuschung wurde.

Was aber ist dann der Grund? Vielleicht gehört Sandra zu denjenigen, die sich nur wenig aus Sex machen. Menschen mit diesem Muster sind zwar in bestimmten Situationen immer wieder erregt, können aber die Erregung nicht aufrechterhalten. Wenn Sandra so veranlagt ist, will sie sich eventuell beweisen, dass sie eine normale Frau ist, die Lust am Sex hat und auf Männer verführerisch wirkt. Das würde die doch recht direkte Anmache erklären, die für eine Frau eher untypisch ist. Aber wenn die Sexualität daraufhin inniger wird, führen Ängste, Selbstzweifel und eine innere Ablehnung dazu, dass die Erregung wieder verflacht.

Vielleicht aber gehört Sandra gar nicht zu den Frauen, die wenig an Sexualität interessiert sind. Vielleicht gehört sie zu den vielen Frauen, die sich eine andere Sexualität wünschen, eine Sexualität, die mehr ist als ein Penis in der Vagina. Eine Sexualität, die den ganzen Körper, die ganze Seele umfasst. Eine Sexualität, bei der es nicht in erster Linie um das Ziel, also den Orgasmus geht, sondern bei der die ganze Reise das Ziel ist. Dazu gehört ein langes Vorspiel mit Händen, Zunge, Penis und Klitoris, bei dem die Erregung weiter aufgebaut wird, bis es dann zum erlösenden Eindringen kommt. Bei einem direkten Eindringen verschenkt man sich all diese schönen Gefühle. Viele Männer denken außerdem, eine Frau sei bereit zum Eindringen, sobald sie feucht ist. Wissenschaftliche Untersuchungen der niederländischen Psychologin und Sexualwissenschaftlerin Ellen Laan an der Universität Amsterdam zeigten aber, dass die körperliche Erregung nicht zwangsläufig mit sexueller Lust einhergeht. Die Forscherin zeigte Frauen sehr grobe Pornofilme. Die Probandinnen reagierten zwar mit körperlicher Erregung, wie Feuchtigkeit der Vagina und Vergrößerung der Klitoris. Aber auf die Frage, ob es ihnen gefallen hat, antwortete die Mehrheit von ihnen mit »nein«. Das zeigt, dass für Frauen mehr zur Sexualität

4 Achtlosigkeit

gehört als einfach nur die physiologische Bereitschaft. Sie müssen auch mit ihrem Gedankenmodell hinter der jeweiligen Art von Sexualität stehen. Deswegen meine ich, dass Sandra mehr erwartet hatte, als einfach nur penetriert zu werden.

Männer ticken hier übrigens einfacher: Bei ihnen kann die körperliche Erregung ausreichen für einen Sex, der ihnen gut gefällt. Der soll dann aber auch zur Entladung führen. Und deswegen ist es wichtig, dass sich ein Mann mit seinem oft einfacheren Erregungsmuster auf die meist komplizierteren Verhältnisse der Frau einstellt.

Was haben Sex und Zärtlichkeit mit Achtsamkeit und dem Gehirn zu tun?

Die beiden Hauptpersonen unserer Geschichte dürfen sich einer gemeinsamen Sache »rühmen«: Sie waren nicht achtsam. Achtsamkeit – das Wort ist zurzeit regelrecht in Mode. Doch was bedeutet es eigentlich? Darauf geben zwei Achtsamkeitsforscher vom Generation Research Program in Bad Tölz Antwort. »Achtsamkeit kann als ein Bewusstseinszustand beschrieben werden, der auf ein klares und nicht-wertendes Gewahrsein dessen abzielt, was in jedem Augenblick geschieht«, schreibt Niko Kohls in einer Forschungsarbeit. Es gehe darum, den Moment wahrzunehmen und Körperempfindungen, Gedanken, Gefühle zu betrachten und zu akzeptieren, ohne sie intellektuell oder emotional zu bewerten. Und sein Kollege Sebastian Sauer führt aus: »Achtsamkeit heißt, sich dessen bewusst zu sein, was gerade jetzt innen und außen passiert, und das darüber hinaus gelassen und ohne emotional in Aufruhr zu geraten, zu betrachten.«

Die Grundlage dafür, dass Sexualität zu einem Gemeinschaftsakt wird

Es geht bei der Achtsamkeit also darum, nicht in die Situation einzugreifen und nichts zu verändern, sondern nur wahrzunehmen, was ist. Das kann, so die beiden Forscher, jeder Mensch jetzt sofort umsetzen. Dazu Sebastian Sauer: »Wenn Sie zum Beispiel in emotionalem Aufruhr sind, also zum Beispiel wütend, ärgerlich, traurig, deprimiert, ängstlich, dann betrachten Sie diesen Zustand möglichst sachlich: ›Aha, da ist Wut, Ärger, Trauer, Deprimiertheit oder Angst in mir.‹« Der Aufruhr soll also schlicht und einfach mit etwas Distanz betrachtet werden. Mithilfe dieser Anleitung ist jeder Mensch ab sofort dazu fähig, ein bisschen achtsamer zu sein. Die heilsamen Auswirkungen von mehr Achtsamkeit im Leben sind positive Effekte sowohl auf körperlicher als auch psychologischer Ebene, etwa weniger Angst, weniger Stress, mehr innere Ruhe, mehr Konzentration.

Wir können also auf einfache Weise im Alltag ein bisschen achtsamer werden. Aber die Achtsamkeit lässt sich auch intensiv trainieren. Der amerikanische Medizinprofessor Jon Kabat-Zinn hat dazu aus buddhistischen Quellen geschöpft und ein standardisiertes Programm entwickelt, das Menschen helfen soll, besser mit Stress, Angst und Krankheiten umzugehen. Sein achtwöchiges sogenanntes MBSR-Programm (Mindfulness Based Stress Reduction, zu Deutsch: Auf Achtsamkeit beruhende Stressverminderung) baut auf mehreren sehr unterschiedlichen Meditationsformen auf, wobei wöchentliche Gruppenarbeiten und tägliche Einzelübungen kombiniert werden. 1979 wurde die erste MBSR-Gruppe ins Leben gerufen. Seither deuten immer mehr Studien darauf hin, dass ein solches Achtsamkeitstraining die Genesung von unterschiedlichsten Krankheiten fördert.

4 Achtlosigkeit

Nach unserer Überzeugung hängen aber auch die Intensität und die Tiefe sexueller Begegnungen davon ab, wie gut uns die Achtsamkeit gelingt. Denn je mehr wir unsere »Antennen« auf die Aufnahme von sexuellen Reizen ausrichten, desto mehr solche Reize nehmen wir auf und desto mehr kosten wir die Situation aus – was einen zusätzlichen erregenden Stimulus verschafft. Für den Sex gilt hundertprozentig das Motto: »Die Energie folgt der Aufmerksamkeit.« Oder einfach gesagt: Wir sind umso leidenschaftlicher, je besser es uns gelingt, ablenkende Gedanken auszuschalten.

Mithilfe der Achtsamkeit nehmen wir aber auch genauer wahr, wie der andere gerade empfindet und was ihm gefallen könnte. Und das ist die Grundlage dafür, dass die Sexualität zu einem Gemeinschaftsakt wird und nicht zu einer gegenseitigen Selbstbefriedigung, in der jeder nur seine eigenen Bedürfnisse sieht. Mehr Zärtlichkeit stellt sich damit von ganz alleine ein.

Gekonnter Sex entsteht, wenn man das Innen- und das Außenleben berücksichtigt

Wenn wir mehr Achtsamkeit erreichen wollen, kommt uns – neben speziellen Achtsamkeitstrainings wie MBSR – auch ein Aspekt aus der Hirnforschung entgegen. Es geht dabei um das »Drei-Sekunden-Fenster«, erkannt und so benannt von dem Hirnforscher Ernst Pöppel aus München. Dieses Prinzip besagt, dass wir uns einer Sache immer etwa drei Sekunden mit ungeteilter Aufmerksamkeit hingeben können und dass danach automatisch so etwas wie Kontrolle oder Überprüfung der Realität hineinblitzt. Auf diese Weise ist unser Gehirn dazu fähig, sich auf etwas zu konzentrieren, ohne dabei den Anschluss an die Welt zu verlieren.

Warum soll das nun wichtig sein, wenn es darum geht, möglichst achtsam mit dem Moment umzugehen? Weil der Moment eben nicht nur aus dem Innenleben, sondern genauso auch aus dem Außenleben besteht, wie es ja auch oben in der Definition von Achtsamkeit heißt: »… sich dessen bewusst zu sein, was gerade jetzt innen und außen passiert«. Und gekonnter Sex entsteht, wenn man das berücksichtigt. Sie müssen also fühlen und denken, empfinden und wahrnehmen. Da das nicht gleichzeitig geht (siehe dazu auch Kapitel 7, Seite 124), müssen wir es nacheinander machen. Die Überlegungsblitze, die etwa alle drei Sekunden beim uneingeschränkten oder sogar ekstatischen Fühlen im Gehirn aufzucken, können dabei alle möglichen Inhalte haben. Wenn Sie den Sexualakt zum Beispiel in einen engen Tagesablauf eingefügt haben, könnte der Gedanke aufblitzen, ob der verfügbare Zeitrahmen noch eingehalten wird, ob Sie sich noch weiter hingeben können oder den Abschluss des Sexaktes einleiten sollten. Auch die Entscheidung, ob Sie in einer bestimmten Stellung weitermachen oder es an der Zeit ist, mal etwas zu verändern, können Sie in diesen Momenten treffen. Oder Sie bemerken etwas an Ihrem Gegenüber, was Sie zu einer kurzen Analyse veranlasst, wie etwa:»Seine Pupillen sind ja riesig geworden, was wir gerade machen, scheint ihn besonders zu erregen und zu berühren, ich mach mal weiter so.«

Solche und andere Überlegungen tauchen auf, sind normal, und es wäre dem ganzen Ablauf nicht zuträglich, würde man versuchen, sie zu unterbinden. Denn damit würden wir Energie an etwas verschwenden, was ohnehin nicht zu erreichen ist. Außerdem gehören diese kurzen Realitätsüberprüfungen auch zur Achtsamkeit, da Sie immer auch die äußeren Umstände im Blick haben sollten. Was aber völlig falsch wäre: auf den Zug dieser Gedanken aufzuspringen und geistig abzufahren.

4 Achtlosigkeit

Wenn Sie also bei der Frage nach dem Zeitrahmen Ihren kompletten Terminkalender durchdenken würden, anstatt einfach nur schnell auf die Uhr zu schauen, um zu wissen, wie viel Zeit Sie noch haben. Oder wenn Sie bei der Frage nach dem Stellungswechsel sämtliche Literatur zum Thema, die Sie gelesen haben, im Geiste durchwälzen, anstatt wahrzunehmen, wie es Ihnen und dem Partner gerade geht.

Die auf diese Art gelebte Achtsamkeit hat allerdings auch ihre Grenzen. Enttäuschungen über das Verhalten des Partners zum Beispiel lassen sich schlecht einfach ausschalten. Und auch das gilt in unserer Geschichte wahrscheinlich für beide Beteiligten. Johannes ist enttäuscht über die mangelnde Leidenschaft, und Sandra ist vermutlich enttäuscht darüber, dass ihr ein luststeigerndes Vorspiel vorenthalten wurde. Und so gelingt es den beiden nicht, sich leidenschaftlich in die sexuelle Situation hineinzubegeben. Die ganze Begegnung bleibt unbefriedigend, und deshalb brechen sie den Sex schließlich ab.

DER HEISSE TIPP

Wie Sie lernen, bei der Sache zu bleiben

Sie sind mitten im leidenschaftlichsten Sex, und plötzlich kommt Ihnen Ihre Steuererklärung in den Sinn? Ärgern Sie sich nicht darüber, so etwas passiert jedem gelegentlich. Diese Abschweifung ist aber vermutlich ein Anzeichen dafür, dass das, was Sie gerade machen, etwas zu mechanisch verläuft. Versuchen Sie deshalb, direkt in dieser Situation etwas zu verändern.

Oft genügen schon Kleinigkeiten, etwa ein anderer Winkel beim Eindringen des Penis oder dass Sie Ihre Hände beim Liebesspiel stärker einsetzen. Wenn Sie nicht mehr ganz bei der Sache sind, könnten Sie sich auch Ihren Partner einmal ganz bewusst anschauen und versuchen, neue Einzelheiten an ihm zu entdecken. Oder nehmen Sie ganz bewusst den Geruch des Partners wahr. Man riecht beim Sex ganz anders als im Alltag. Versuchen Sie, die flüchtigen Duftmoleküle zu erhaschen. So wird Ihnen die besondere Situation wieder bewusst.

Ein spezieller Tipp für das weibliche Geschlecht: Frauen machen sich oft Gedanken über ihren Körper. »Ob er es merkt, dass ich zwei Pfund zugenommen habe? Ob es ihn auch nicht stört, dass ich übernächtigt aussehe?« Männer sind in dieser Beziehung aber relativ einfach strukturiert: Sie machen jetzt Sex mit Ihnen und finden das toll – basta. Versuchen Sie das zu verinnerlichen und achten Sie auf Ihr Gefühl und auf die Handlung anstatt auf Ihr Aussehen.

Was Sie auch machen können: Konzentrieren Sie sich auf Ihre Atmung und lassen Sie diese langsam tiefer werden. Das bringt Sie wieder vom Kopf in den Körper und intensiviert die körperlichen Empfindungen.

Bei Männern und Frauen ist oft auch Stress außerhalb des Bettes die Ursache für Ablenkung. Sagen Sie sich, dass Sie sich den Sex jetzt verdient haben und dass all die Arbeit, die noch auf Sie wartet, nicht geringer wird, wenn Sie ihn nicht genießen oder gar torpedieren. Im Gegenteil: Nach einem erfüllenden Schäferstündchen, egal zu wel-

4 Achtlosigkeit

cher Stunde, geht es Ihnen wieder besser. Sie können frischer an die Arbeit zurückkehren oder besser schlafen und sind am Morgen zufriedener. Also genießen Sie!

In längeren Beziehungen findet man auch oft langweilig, was der Partner im Bett macht, und man schweift deshalb mit den Gedanken ab. Also sollten Sie etwas Neues probieren, um weiterhin mit Lust bei der Sache zu bleiben. Es ist eine Illusion zu glauben, dass der andere automatisch fühlt, was man selbst wünscht. Man muss es auch deutlich mitteilen. Versuchen Sie, miteinander eine Sprache der Liebe zu entwickeln, in der man alles sagen kann, ohne den anderen durch zu grobe Worte zu verletzen. Eine Möglichkeit ist, den Partner zu loben, wenn er etwas macht, das Ihnen gefällt. Also etwa: »So wie du mich jetzt anfasst und berührst, das könntest du stundenlang machen, so gut fühlt sich das an.« Das wird der Partner gern hören und das, was Sie mögen, dann automatisch häufiger tun. Und wenn Ihnen eine Technik gar nicht gefällt, dann zeigen Sie ihm, wie es besser geht. Fahren Sie ihn aber auf keinen Fall an, etwa: »Reib meinen Kitzler nicht so stark, da könnte ich an die Decke gehen.« Sagen Sie ihm stattdessen: »Ich bin so erregt, mein Kitzler ist überempfindlich, bitte berühr ihn ein bisschen sanfter.« Es muss aber nicht alles in Worten ausgedrückt werden, auch mit Stöhnen, Gebärden und Gesten können Sie dem anderen deutlich machen: So will ich es, das gefällt mir, das befriedigt mich.

Und begehen Sie als »der andere« bloß nicht den Fehler, misstrauisch zu werden und zu denken, Ihr Partner hätte jemand anderes, nur weil er etwas Neues ausprobieren will. Das Misstrauen ist der Tod jeder Abwechslung. Also freuen Sie sich, wenn er oder sie neue Ideen ins Liebesleben bringt. Und wenn Ihrer beider Fantasie erschöpft ist: Holen Sie sich Anregungen aus Büchern und Filmen.

Lüge

Eine **fromme** Lüge mag noch angehen, wenn man in guter Absicht täuscht, damit der andere nicht verletzt wird. Doch wenn jemand um **Wahrheit** bittet, gerät dieser fromme Betrug, die »pia fraus« (Ovid), zur Sünde. Eine wirkliche Todsünde wird daraus, wenn der belogene Partner unter der vermeintlich **guten Absicht** unsagbar leidet.

»Er nannte mich Königin seines Herzens«

Berlin: Sibylle (32)
enttarnt die Lügen von Bernd (48).

Wir kennen uns schon lange. Er ist meine große Liebe und mein Schicksal zugleich. Mit Schicksal meine ich, dass ich schicksalhaft mit ihm verbunden bin. Ich komme einfach nicht weg von ihm. Denn leider ist mein Freund mit einer anderen Frau verheiratet. Ich bin also eine sogenannte Geliebte. Dass er verheiratet ist, wusste ich von Anfang an. »Meine Frau und ich leben wie Schwester und Bruder zusammen«, hat er mir gesagt. – »Nun gut«, dachte ich damals, »mit einer Schwester hat man keinen Sex, und man kann ihr alles erzählen. Klingt doch gar nicht so schlecht.« Und dann gingen wir miteinander ins Bett. Damals war ich 20.

Zieh deinen Schlüpfer aus und reib dich

Der Männer in meinem Alter war ich damals so überdrüssig. Alle waren sie dauernd auf der Suche nach irgendetwas. Jede Erfahrung wollten sie mitnehmen. Und als Frau konnte man immer nur so tun, als sei man überhaupt nicht an einer festen Bindung interessiert, als sei alles ganz okay so. Aber in Wahrheit habe ich mich schon nach einem verlässlichen Freund gesehnt. Und dann lernte ich Bernd kennen. Er ist Geschäftsführer einer Softwarefirma und lebt in einem Vorort von Berlin. An dem besagten

5 Lüge

Tag saßen wir beide im selben Biergarten nebeneinander. Ich feierte mit meinen Kommilitonen das Semesterende. Und er trank dort mit einem Kollegen noch ein Feierabendbier. Er sprach mich an, und so entwickelte sich zwischen mir und den beiden Männern eine Unterhaltung. Nach und nach gingen alle anderen, Bernd und ich blieben übrig. Anfangs erschien er mir ein bisschen glatt und auch eingebildet zu sein. Aber er konnte mich so geschickt in ein Gespräch verwickeln, dass er mir im Laufe des Abends immer besser gefiel. Als wir uns verabschiedeten, küsste er mich.

Er ist ein toller Mann, aber es ist nicht leicht, eine Geliebte zu sein. Seine Ehe wollte er wegen seiner kleinen Tochter nicht aufgeben. Was soll ich sagen, alle Feiertage, die meisten Wochenenden und alle Ferien waren für seine Familie reserviert. Doch er hat mir immer gesagt: »Du bist die Königin meines Herzens. Du bist meine wahre Frau. Denn du bist diejenige, die ich über alles liebe.« Er hat mir das so oft gesagt und mich dabei so verliebt angeschaut, dass ich ihm einfach glauben musste.

Unser Sex war anfangs nicht außergewöhnlich. Mal war er oben, mal ich; mal leckte er mich, mal blies ich ihm einen. Aber sonst waren wir nicht besonders einfallsreich. Das war auch nicht nötig, wir waren so verliebt ineinander, dass allein die pure Tatsache, Sex miteinander zu haben, zur absoluten Erfüllung führte. Doch fast durch einen Zufall fanden wir eines Tages eine neue Gemeinsamkeit. Zuerst hatten wir schlimm gestritten, da ich einen One-Night-Stand gehabt hatte, als er mit seiner Familie im Pfingsturlaub gewesen war. Das beichtete ich ihm am Telefon. Da war unsere Beziehung wirklich auf der Kippe. Er wollte unser nächstes Treffen absagen, aber ich beschwor ihn, dass ich nur ihn

*lieben würde und mit ihm zusammenbleiben wolle. Da passierte
es. Er bat mich, den Sex mit dem anderen genau zu beschreiben.
Während ich das machte, begann er leise zu stöhnen. Dann befahl
er mir: »Zieh deinen Schlüpfer aus und reib dich. Und erzähl
weiter. Wie sah sein Schwanz aus? Beschreib es mir genau. War
die Eichel rot? Warst du feucht? Was für ein Gefühl war es, als er
in dich eindrang? Erzähl es mir, jede Einzelheit. Ich will es wissen.
Kamst du zum Orgasmus? Wie oft? In welcher Stellung? Hast du
sein Sperma gespürt, als er abgespritzt hat? Ist es aus dir heraus-
gelaufen?« Und so weiter.*

Er war dabei, wenn ich die anderen kennenlernte und wenn ich sie vögelte

*Irgendwann kamen wir beide zum Orgasmus. Und das war ein
Wendepunkt in unserem Leben. Wir haben uns bei diesem Telefonat neu füreinander entschieden. Als wir uns das nächste
Mal sahen, machten wir uns viele Versprechungen: Wir würden
ein Leben lang zusammenbleiben. Wir würden keine Heimlich-
keiten mehr haben, es sollte keine Untreue mehr geben. Wir
wollten uns immer alles sagen. Es war beinahe ein Eheverspre-
chen, das wir uns gaben. Von da an hätte ich meine Hände für ihn
ins Feuer gelegt. Natürlich wusste ich, dass er seine Frau nach
wie vor belog, was uns beide betraf. Aber mich belog er nicht, da
war ich mir sicher. Besser gesagt, ich habe mich dafür entschieden, ihm zu glauben, egal was kommen würde. Denn Vertrauen ist
ja nicht dann gefordert, wenn alles im Lot ist, sondern wenn eine
Situation missverständlich ist. Oder wenn andere rumtratschen.
In solchen Momenten muss man Partei ergreifen und entweder*

80

5 Lüge

den Gerüchten Glauben schenken, oder eben dem, was der Partner sagt. Ich habe immer Bernd geglaubt.

Unser Sex wurde von Mal zu Mal besser. Wir malten uns immer mehr Fantasien aus, in denen ich mich auf andere Männer einließ. Das machte ihn an. Er hatte dann das Gefühl, mich immer wieder von Neuem zu erobern. In der Realität ließ ich mich nie mehr auf jemanden ein, aber unsere Geschichten kannten keine Grenzen. Mal war es ein Mann, mal waren es mehrere. Mal war es ein Fremder aus dem Restaurant, mal ein Bekannter, den ich schon länger attraktiv fand. In die Geschichten baute ich Bernd immer mit ein: Er war dabei, wenn ich die anderen kennenlernte und wenn ich sie vögelte. Solche Sachen erzählte ich ihm, während wir Sex miteinander hatten. Er wurde richtig abhängig von meinen Geschichten. *Die besten Orgasmen hatte er, wenn ich ihm erzählte, wie schön und intensiv der Orgasmus mit einem anderen – imaginären – Mann war.* Wir beide waren die Drehbuchautoren, die anderen Männer die Handlanger unserer Lust. Frauen tauchten übrigens nie auf. Wir haben es mal probiert, aber es stieß mich ab und machte auch Bernd nicht an. Er genoss es mehr, diesen leichten Schmerz auszuhalten, wenn er sich mich mit anderen Männern vorstellen musste, um dann doch als Sieger hervorzugehen.

Diese Geschichten schweißten uns zusammen. Es ging sogar so weit, dass ich ihm berichtete, wenn mir jemand auf der Straße gut gefiel. Dann nahmen wir diesen Mann als Vorlage für unsere geilen Bettfantasien. Mit diesen Erfahrungen wurde ich auch selbstbewusster. Ich bat ihn, aus dem ehelichen Schlafzimmer auszuziehen und auch mit seiner Ehefrau nicht mehr in Urlaub zu fahren. Wenn sie doch sowieso nur noch pro forma zusammen seien, müsse das doch möglich sein. Er versprach es mir. Und ich glaubte ihm. Auch weil ich ihm gegenüber so viel von mir preisgab, stand es für mich völlig außer Frage, dass er mir ebenso die Wahrheit erzählte wie ich ihm.

Es war wie in einem schlechten Film

Dann kam nach acht Jahren das böse Erwachen. Es fing mit unserem Geliebten-Handy an. Er hatte nämlich ein heimliches zweites Mobiltelefon, das auf meinen Namen lief. An dieses Handy schrieb ich ihm SMS, ohne dass er Angst haben musste, seine Frau könne sie lesen. Natürlich wurden die Rechnungen auch an meine Adresse geschickt und nicht an seine. Und so entdeckte ich, dass zu Silvester Anrufe aus Frankreich abgerechnet worden waren. Aber Bernd war doch angeblich zu Hause in Berlin gewesen, bei Frau und Kind. Darauf angesprochen, schaute er erstaunt und meinte, dass er sich das auch nicht erklären könne. Da sei er mitten in Deutschland gewesen und solle gleichzeitig in Frankreich gewesen sein? Das sei ja merkwürdig.

Nun gut, ich bat die Mobilfunkgesellschaft um Aufklärung, und die schrieb mir klipp und klar, dass kein Irrtum möglich sei und dass die Anrufe in Frankreich getätigt worden seien. Als Bernd das nächste Mal bei mir war und duschte, nahm ich sein Handy, übrigens zum allerersten Mal, und suchte in seinem Terminkalender nach dem Eintrag für Silvester. Und da hatte er doch tatsächlich den Namen und die Rufnummer eines Restaurants in Paris vermerkt. Ich war fassungslos. Es war wie in einem schlechten

5 Lüge

Film. Mein Bernd, den ich über alles liebte, dem ich vertraute wie sonst keinem anderen Menschen auf der Welt, hatte mich belogen.

Zuerst versuchte er tatsächlich noch einmal, sich rauszureden. Sein Freund hätte ihn angerufen und ihm eine gute Adresse für Paris genannt, dorthin wolle er einmal mit mir fahren. Schließlich aber gab er es zu: Er hatte über Silvester mit seiner Frau einen Kurzurlaub in Paris gemacht. Er hätte nicht gewollt, dass ich mich aufrege, deswegen hätte er es mir verheimlicht. Und ja, es stimme, sie hätten auch zusammen in einem Bett geschlafen. Für mich brach wirklich eine Welt zusammen.

Der Sex hat deutlich gelitten

Von dem Moment an ging alles bergab. Ich begann nachzudenken, was mir sonst noch alles komisch vorgekommen war, und deutete die früheren Situationen neu. Hier war einiges ungereimt, etwa die urplötzlichen häufigen Urlaube mit seinem Vater, seinen Cousinen, seiner Tante. Ich fragte herum und vergeudete unendlich viel Zeit und Energie damit, herauszufinden, ob alte Geschichten wirklich so gewesen waren, wie er sie erzählt hatte. Ich machte mich sogar an den Freund seiner Tochter heran und erfuhr, dass mein geliebter Bernd nicht nur dieses eine Mal mit seiner Frau zusammen weggefahren war, sondern viel häufiger.

Auf meiner verzweifelten Suche nach der Wahrheit besuchte ich eine Hellseherin, die mir meinen Freund zuerst erschreckend genau in seinem Äußeren und seiner Art beschrieb und auch von einer weiteren Geliebten wusste. Ob es stimmt, weiß ich bis heute nicht. Ein Jahr später kamen dann die Handyortungen auf. Nach langem Zaudern konnte ich nicht anders und nutzte sie *gelegentlich. Dabei stellte ich fest, dass Bernd auch nach seinem Parisgeständnis nur selten dort war, wo er vorgab zu sein. Es war einfach unerträglich schmerzhaft. Ich weinte damals viel und war wirklich tief in meiner Seele erschüttert.*

Eigentlich hatte sein Ausflug nach Paris dazu geführt, dass ich meinem Freund gar nichts mehr glauben konnte. Dies hatte auch Auswirkungen auf unseren Sex. – Ja, wir sind immer noch zusammen, ich liebe ihn immer noch. Aber der Sex hat deutlich gelitten. – Diese Erzählungen über andere Männer, die gemeinsamen Fantasien, die erfordern ja auch Vertrauen. Aber kann man Vertrauen zu einem Mann haben, der dauernd lügt? Zuerst verlor ich die Lust auf unsere Geschichten. Dann verlor ich die Lust auf meinen Freund. Zwar schlafen wir immer noch jedes Mal miteinander, wenn wir uns sehen. Er sieht nach wie vor attraktiv aus und riecht sexy. Aber ich habe einfach keine richtige Lust mehr. Ich ertappe mich immer häufiger bei dem Gedanken, dass es ja bald vorbei sein wird. Früher war es ganz anders, da konnte ich nicht genug von ihm kriegen.

Irgendwann habe ich gemerkt, dass ich durch mein dauerndes Nachspionieren mein eigenes Lebensgefühl verliere und nur noch dafür lebe, herauszufinden, was er nun wohl gerade macht. Deswegen lasse ich das nun sein. Ich wünsche mir trotzdem so sehr, er würde einfach mal alles erzählen, die ganze Wahrheit und warum er das alles macht.

5 Lüge

Oswalt Kolle
ganz persönlich

»Dieser Mann wird mit seinen Lügen niemals aufhören«

Hier geht es im Wesentlichen um zwei Fragen. Nämlich: Wie viel Wahrheit verträgt der belogene Partner? Und: Wie viel Mut zum Risiko hat der lügende Partner? Sibylle möchte ihren Freund am liebsten für sich alleine haben. Ihr Wunsch ist natürlich legitim, doch die Realität sieht anders aus. Sie muss viele Facetten ihres Mannes mit einer anderen Frau teilen. Wie viel Eheleben noch stattfindet, wird Bernd ihr nicht so genau auf die Nase binden, das wäre untypisch für einen Mann. Ich vermute außerdem, er hat Angst, sie zu verletzen, wenn er ihr die ganze Wahrheit schonungslos offenbaren würde. Sicher hat er aber auch Angst, sein gewohntes Leben zu verlieren, wenn seine Geliebte plötzlich alles wüsste. Denn das ist dann vielleicht zu viel für sie, und es besteht die Gefahr, dass sie ihn verlässt. Das Gleiche würde vermutlich passieren, wenn seine Frau von der Geliebten erführe. Beides scheint Bernd nicht recht zu sein, und deshalb spielt er das doppelte Spiel.

Meine Prognose lautet: Dieser Mann wird mit seinen Lügen nie aufhören. »Ab 40 erstarrt die Seele in zu erwartenden Abläufen«, heißt es in der Psychotherapie. Bernd ist 48. Aus ihm wird nicht mehr völlig überraschend ein anderer Mensch werden, der mit einem Mal mutig und konsequent ist. Er wird so bleiben, wie er ist: »Lieber bekanntes Unglück als unbekanntes Glück« – auch ein gängiges Motto von Männern ab 40. Trotzdem aber ist er ein liebevoller Partner für seine

Geliebte. Sibylle wird also nichts anderes übrig bleiben, als eine Bilanzierung vorzunehmen. Sehnt sie sich danach, dass die Beziehung mit ihrem Bernd weitergeht, trotz Lügen, Kränkung und Abwesenheit? Dann muss sie sich eine andere Einstellung zu seinem Verhalten zulegen, eine, die sie selbst weniger kränkt. Wenn sie das nicht will, bleibt ihr nur die Trennung.

Warum ist die Unwahrheit so verletzend, und was ist Wahrheit?

Menschen gehen in aller Regel davon aus, dass das, was der andere sagt, richtig ist. Denn es gibt eine Art Urvertrauen in die Sprache, oder wie der Hirnforscher Ernst Pöppel sagt: »Wahrheit ist ein in die Sprache eingebautes Prinzip. Die Lüge eine späte Erfindung.« Was der andere uns mitteilt, überprüfen wir deshalb nicht andauernd auf seinen Wahrheitsgehalt. Wenn wir zu Menschen, Situationen, Eigenschaften einmal eine Meinung gefasst haben, behalten wir diese definierte Identität über die Zeit hinweg bei. Dies gilt insbesondere für eine Beziehung. Hier ziehen wir mit der Sprache einen gemeinsamen Rahmen auf, in dem wir uns bewegen: Wir erzählen uns etwas, vertrauen uns Geheimnisse an und gewähren dem anderen Einblick in die eigene verletzliche Psyche. Es entsteht ein Rahmen des Vertrauens.
Die Lüge bedeutet ein Heraustreten aus dem gemeinsamen Rahmen. Deswegen ist die Lüge gerade in der Beziehung so verletzend. Das gilt auch für Sibylle und Bernd, denn es wurde absolute Ehrlichkeit vereinbart. Diesen gemeinsamen »Ehrlichkeitsrahmen« hat Bernd verlassen, und deshalb ist Sibylle so verletzt.

5 Lüge

Oft ist der Lügner sich der Lüge nicht bewusst

Aber was geht in einem Menschen vor, wenn er durch Lügen einen Verrat in der Beziehung begeht? Sicher spielen auf der ersten Ebene Faktoren wie Unsicherheit, Feigheit und Angst vor Konsequenzen eine Rolle. Aber dahinter steht eine ganz andere Frage, nämlich: Was ist Realität? In unserem Weltbild ist die Realität streng danach definiert, was nach außen sichtbar und beweisbar ist. Der Mann, Bernd, der mit seiner Frau heimlich nach Paris fährt, ist in den Augen der betrogenen Sibylle ein Lügner. Dabei bleibt aber außer Acht, dass es nicht nur die äußere Realität gibt – also das, was man sehen und beweisen kann –, sondern dass jeder Mensch auch ein Innenleben hat, eine »innere Realität«. In seine innere Realität taucht zum Beispiel sehr intensiv ein, wer sich in Tagträumen verliert oder wer Liebeskummer hat und sich immer wieder die schönen verflossenen Stunden mit dem Expartner ausmalt. In einer Beziehung wäre es fair, den (vermeintlichen) Lügner nach seiner inneren Wahrheit zu fragen. Was, wenn Bernd aus unserer Geschichte nur um des lieben häuslichen Friedens willen mit seiner Frau nach Paris gefahren wäre und in Gedanken die ganze Zeit mit seiner Geliebten verbracht hätte? Vielleicht hätte eine ehrliche Begründung die Situation für die Geliebte erträglicher gemacht.

Die innere Realität, oder genauer gesagt, unsere inneren Bilder tragen in der Hirnforschung einen eigenen Namen. Man bezeichnet sie als »episodisches Gedächtnis« oder »episodic memory«. Sie bilden einen separaten Teil des Langzeitgedächtnisses und sind stark mit den eigenen Gefühlen und der eigenen Biografie verbunden. Ob Bernd tatsächlich in Gedanken und Gefühlen bei der Geliebten war, wird sich allerdings nicht herausfinden lassen. Und das ist ein Manko der inneren Realität: Sie wird immer unüberprüfbar sein.

87

Subjektiv aber können die inneren Bilder so stark und bestimmend sein, dass sich der »Lügner« dessen, was er tut, gar nicht richtig bewusst ist. Denn die Inszenierung des Selbst ist auf Konsistenz gerichtet. Das heißt, wir wählen und gestalten unbewusst die Bilder unseres Lebens derart, dass sich daraus eine sinnvolle Lebensgeschichte ergibt. Was nicht passt, wird bei der Gestaltung der inneren Bilder angepasst oder umgedeutet. Das wird in der Psychologie »Verdrängung« genannt. Psychologisch gesehen werden beim Verdrängungsprozess verpönte Wunschregungen oder Erinnerungen an ihrer Bewusstwerdung gehindert. Die Verdrängung kann so weit gehen, dass etwa ein Mann die meiste Zeit seine Geschichte, die er der Geliebten auftischt, selbst glaubt. Und deswegen sind Menschen, die in eine Lebenslüge verstrickt sind, oft sehr überzeugend.

Die Lüge nicht so ernst nehmen

Dem belogenen Partner helfen diese Erklärungen und Erkenntnisse aus Psychologie und Hirnforschung nicht viel. Auch wenn er damit vielleicht die Motive des anderen besser versteht, so ist die Tatsache des Belogenwerdens dennoch kränkend. Die einzige Möglichkeit, damit klarzukommen, ist, die Lüge nicht so ernst zu nehmen, einen Anker in sich zu finden und nicht im anderen, sich selbst als verlässliches Zentrum zu empfinden, das durch das Verhalten des anderen nicht zerbricht. Aus diesem Standpunkt heraus gelingt es vielleicht sogar, die Lüge des anderen als Symptom zu sehen für eine Persönlichkeit, die einfach unsicher und unreif ist, oder für eine Persönlichkeit, welche die tiefen Dimensionen einer Beziehung gar nicht erkennen kann. Und dann stellt sich wie von selbst die Frage: Kann jemand, der – in diesen Punkten – nicht auf meiner Augenhöhe ist, mich überhaupt verletzen?

5 Lüge

Die Konsequenz daraus kann bedeuten, dass die Beziehung weitergeht, aber der Rahmen anders definiert wird. In Bezug auf Sibylle zum Beispiel wie folgt: »Mein Freund liebt mich, und wenn wir zusammen sind, verleben wir eine schöne Zeit. Alles andere soll mich nicht kümmern.« Die Konsequenz kann aber genauso bedeuten, die Beziehung zu beenden und einen reiferen Partner zu suchen.

DER HEISSE TIPP

Wie Sie in einer Partnerschaft am besten mit der Wahrheit umgehen

Wenn Sie Angst haben, den Partner mit der Wahrheit zu verletzen, dann befolgen Sie folgende Ratschläge:
Sprechen Sie zunächst miteinander darüber, wie Sie es mit der Wahrheit handhaben wollen. Bevor Sie sich nun aber umgehend schwören, immer die Wahrheit zu sagen, machen Sie sich zunächst einmal klar, am besten ebenfalls im gemeinsamen Gespräch – was das alles bedeutet. Seien Sie ehrlich zu sich, ob Sie es wirklich ertragen könnten, wenn der andere Ihnen beispielsweise gesteht, eine Affäre zu haben, oder – wie in unserer Geschichte Bernd – gestehen würde, Silvester in Paris, in der Stadt der Liebe, mit seiner Frau verbracht zu haben. Wenn jemand so etwas tatsächlich sagt, müssen Sie mit dieser Wahrheit auch umgehen können: verzeihen, sich trennen … je nachdem, wie Ihr Modell von Wahrheit und das des Partners aussieht.

Sie können sich aber auch darauf einigen, dass Sie sich nicht alles sagen, sondern nur das, was die Beziehung gefährdet. In dem Fall sind ebenfalls einige Spielregeln wichtig. Zum Beispiel sollte, wenn Sex mit einer anderen Person stattfindet, ein Kondom benutzt werden. Außerdem sollte diese Person nicht jemand sein, der dem festen Partner oder der festen Partnerin (etwa beruflich) schaden könnte.

Es gibt auch das Paarmodell, bei dem zwei Menschen sich einigen, sexuelle Freiheit zu tolerieren, aber nicht darüber zu reden, um den anderen nicht zu verletzen. Das Motto »Was ich nicht weiß, macht mich nicht heiß« ist eine Variante, mit Lügen, aber auch mit Eifersucht umzugehen. Es gibt natürlich auch differenziertere Herangehensweisen. Eine besondere Regel betrifft zum Beispiel den Besuch eines Swingerclubs (siehe auch Kapitel 10, Seite 183): Hier wird das Vögeln mit anderen in den Club verlegt und ist erlaubt. Außerhalb des Clubs würde es als Ehebruch empfunden und ist verboten. Es geht also darum, einen Weg zu finden zwischen Freiheit und Bindung.

Einen allgemein verbindlichen Ratschlag zu geben ist, was »die Wahrheit« in einer Beziehung betrifft, fast unmöglich. Wir sind der Meinung, dass in einer guten Beziehung die Wahrheit gesagt werden muss. Denn erstens haben Lüge kurze Beine, das heißt, sie kommen irgendwann doch auf. Und zweitens gehört es zu einer guten Beziehung, dass man sich gegenseitig vertraut und der Überzeugung sein kann, der andere belügt mich nicht. Allerdings muss nicht jeder Flirt, jedes Prickeln erzählt werden, sondern nur das, was beziehungsgefährdend ist. Denn zu viel Wahrheit kann den anderen auch überfordern und ganz unnötigerweise verletzen.

Wenn Sie etwas zu gestehen haben, dann versuchen Sie, sich diplomatisch zu äußern. Sie müssen nicht jedes Detail erwähnen. Sie müssen nicht hervorheben, wie ausdauernd und zärtlich Ihre Affäre ist. Sie sollten sich aber generell darüber unterhalten, welchen Stellenwert Sex für Sie einnimmt. Hier gibt es unterschiedliche Auslegungen: Befriedigung eines Grundbedürfnisses, Befriedigung der Neugier, Sex als Vertrauensklebstoff zwischen Partnern, in manchen Fällen Therapie, Sex als notwendige Maßnahme zum Erhalt der Gesundheit, Sex als Ausdruck von Macht, Sex als Selbstbestätigung (ich kriege jede, jeden rum). Eine Person kann in unserem Kulturkreis mehrere Formen davon im Geheimen mit verschiedenen Zielpersonen verwirklichen, ohne ein schlechtes Gefühl dabei zu haben. Sprechen Sie darüber, was Sexualität für Sie und Ihren Partner beziehungsweise Ihre Partnerin bedeutet. Tun Sie das am besten frühzeitig, das heißt in den ersten vier Jahren, bevor die Verliebtheit schwindet. Denn danach werden Sie darüber nicht mehr sprechen können, ohne dass sich der Partner fragt, ob Sie vielleicht einen konkreten Anlass für ein derartiges Gespräch haben. Wenn Sie bereits in einer längeren Beziehung leben, könnten Sie zum Beispiel dieses Buch zum Anlass für ein Gespräch über Sexualität nehmen, Ihrem Liebsten von den verschiedenen Formen berichten und ihn arglos nach seiner Meinung fragen.

Besitzanspruch

Wenn wir glauben, eine **Beziehung** zeichne sich dadurch aus, dass der Partner nur noch für uns lebt, machen wir uns nicht nur der **Dummheit** schuldig. Wir begehen auch eine der zehn Todsünden des Sex. Denn wer das Bedürfnis des anderen nach **Freiraum** und Individualität nicht akzeptiert, tötet das gemeinsame Liebesleben.

»Diese Umklammerung war unerträglich«

Braunschweig: Wolfgang (55)
fühlt sich von Katherine (38) eingeengt.

Wenn eine Frau mich in allen Lebensbereichen zu stark verein-
nahmt, löst das Fluchtreflexe aus. Mir ist so etwas schon öfter
passiert, aber am deutlichsten mit Katherine. Wir arbeiten beide
zusammen in einer Forschungsanstalt, die bekannt ist für ihre
Spitzenforschung. Ich habe Katherine wegen ihrer hervorragen-
den Referenzen als meine wissenschaftliche Assistentin eingestellt,
aber auch, ich gebe es zu, wegen ihres Aussehens. Sie hat etwas
Besonderes an sich. Sie ist nicht auf den ersten Blick hübsch, aber
sie hat eine Art, sich zu bewegen und zu sprechen, die mich für
sie einnahm.

Sie bewegte sich verführerisch und warf mir auffordernde Blicke zu

Nun, in einem gemeinsamen Arbeitsumfeld gibt es eine Vielzahl
von gemeinsamen Bezügen. Man forscht an demselben Thema, man
hat ständig Geschäftsessen und Meetings, und so begegnet man
sich nicht nur auf beruflicher Ebene, sondern auch immer wieder
in der Rolle als Mann und Frau. Eine gemeinsame Forschungsreise
hier, ein paar gemeinsame Tagungen dort – die Gelegenheiten zur
Intimität ergeben sich dann meist von selbst.

6 Besitzanspruch

Katherine und ich kamen uns auf einer kurzen Forschungsreise nach Chicago näher. Nach einem erfolgreichen Get-together-Abend mit unseren Kollegen saßen wir noch zusammen, um den Abend ausklingen zu lassen. **Sie sah an diesem Tag besonders attraktiv aus, bewegte sich verführerisch und warf mir auch immer wieder auffordernde Blicke zu.** *Ich fühlte mich richtig angezogen von ihr. Und dann kam es auf einmal zum ersten Kuss. Normalerweise vermeide ich sexuelle Begegnungen innerhalb meines Instituts, weil das letztlich nur zu Komplikationen führt. Andererseits bin ich geschieden, ein freier Mann, und wir beide sind erwachsen. Und so landeten wir im Bett.*

Für mich zählt allerdings das erste Mal immer nicht so richtig, weil es eigentlich nur ein Testlauf dafür ist, ob ein weiterer Kontakt möglich sein könnte. Deswegen ist für mich das erste Mal ein Nullkontakt, aus dem heraus – je nach Erfahrung – entweder etwas Vernünftiges entsteht oder eben nicht. Mit Katherine allerdings war das so eine Sache. Im Beruf wirkte sie sehr selbstständig und souverän. Aber im Bett entwickelte sie keine eigenen Ideen und zeigte kaum Leidenschaft. So bestimmte ich das Geschehen, war mir aber nicht sicher, ob ihr das alles so gefiel. Ich wusste auch nicht, wie ich sie zum Höhepunkt bringen sollte, weil sie auf nichts richtig reagierte. Schließlich kam ich selbst irgendwann zum Orgasmus und wollte mich danach etwas müde für einen kurzen Moment ausruhen. Plötzlich aber wurde sie lebendig: Sie kuschelte sich an mich, wollte mich streicheln und küssen und sagte mir ein ums andere Mal, wie schön es gewesen sei. Aber ich bin in dieser Hinsicht ein typischer Mann, ich möchte nach dem

Sex gerne erst einmal wieder die alleinige Herrschaft über meinen Körper zurückgewinnen. Ich bin dann einfach überempfindlich, vor allem auch im genitalen Bereich, sodass Berührungen fast unangenehm sind. Also stand ich auf und sagte ihr, dass ich nun auf mein Zimmer gehen würde. Sie schaute mich sehr enttäuscht an: »Ach, und ich dachte, wir verbringen die ganze Nacht zusammen.« Ich erklärte, dass ich selbst während meiner Ehe ein eigenes Schlafzimmer gehabt hatte, und ging schnell weg.

Am nächsten Tag war Katherine genauso, wie ich sie kannte: geistreich, durchsetzungskräftig und charmant, sodass ich aufs Neue von ihr eingenommen war. So beendeten wir auch diesen und die weiteren Tage in Chicago jedes Mal bei ihr im Bett. Der Sex blieb allerdings weiterhin eher mittelmäßig, doch danach kam ihr großer Gefühlsausbruch: Sie schaute mich anhimmelnd an und sagte so merkwürdige Sachen wie: »Ich liebe den Sex mit dir, dann gehörst du endlich ganz mir.« Ich weiß schon, dass Sex die Gefühlspforten öffnet. Aber trotzdem waren ihre Sprüche dazu angetan, mir im Nachhinein ein bisschen die Lust zu vergällen.

Was ich auch tat, es war ihr einfach nicht genug

Zurück in Deutschland, haben mich die Arbeit und sonstige Verpflichtungen wieder so in Anspruch genommen, dass der Kontakt mit Katherine etwas ins Hintertreffen geriet. Auch wollte ich alles noch geheim halten, weil ich mir noch nicht im Klaren darüber war, wohin die Reise mit ihr gehen sollte, was sie auch respektierte. Aber ihr Bedürfnis nach mir war offenbar groß. Sie fragte mich jeden Tag, wann wir uns denn endlich wiedersehen könnten. Ich erhielt laufend E-Mails und SMS, manchmal einfach

6 Besitzanspruch

nur mit den zwei Wörtern: »Und wann?« Sie arbeitete lange und wartete oft, bis alle anderen gegangen waren, nur um mir vorzuschlagen, noch zu ihr oder zu mir zu fahren. Sex war dabei immer ein wichtiges Thema. Das sollte mich eigentlich freuen. Aber es fehlte die Leichtigkeit, es war immer mit dem Gefühl einer Pflichterfüllung verbunden. Ich kam mir mit der Zeit vor wie in einer Vollzugsanstalt. Aber Katherine bemerkte gar nicht, dass ich mich, als ihr Sexualpartner, wie in einem Gefängnis zu fühlen begann. Ich kann im Nachhinein gar nicht sagen, warum ich die Beziehung, oder was auch immer wir führten, nicht einfach nach ein paar Wochen beendet habe. Menschlich gesehen, lag mir viel an Katherine, sexuell gesehen war das Ganze noch etwas ausbaufähig. Aber diese Umklammerung war unerträglich.

Es stellte sich eine gewisse Routine in unserem Umgang miteinander ein. Ich besuchte Katherine etwa ein- oder zweimal in der Woche, und wir gingen miteinander ins Bett. Gelegentlich aßen wir auch zusammen zu Abend, besuchten eine Kunstausstellung oder spielten Tennis. Es ergab sich auch immer wieder die Gelegenheit zu einer gemeinsamen Forschungsreise. Aber was ich auch tat, es war ihr einfach nie genug. Wenn ich nachmittags mal für ein oder zwei Stunden zu ihr kam, war sie enttäuscht, dass ich nicht auch den Abend bei ihr blieb. Wenn wir einen ganzen Tag miteinander verbrachten, war sie enttäuscht, dass es nicht das ganze Wochenende war. Wenn wir für drei Tage geschäftlich wegfuhren, war sie enttäuscht, dass daraus nicht fünf Tage wurden. Ich geriet in eine regelrechte Atemlosigkeit. Es war ein Terror, immer das Gefühl vermittelt zu bekommen, man gibt nicht genug Zeit und Aufmerksamkeit.

Nichts ahnend öffnete ich die Haustür

Einmal musste ich eine Verabredung mit ihr absagen. Ich hatte noch einen wichtigen Brief an jemanden aus der Politik zu schreiben und wollte mir Fakten und Argumente gut überlegen. Dazu brauchte ich Ruhe. Das aber wollte Katherine nicht einsehen, sondern machte ein Drama daraus: »Ich hab doch extra für dich gekocht.« – »Das sollst du aber gar nicht, das weißt du doch.« – »Ja, aber ich wollte dir was Gutes tun. ... Wie lange brauchst du denn für den Brief?« – »Das weiß ich nicht. Wir sehen uns ja morgen.« *Und dann ging es richtig los:* »Hab ich was falsch gemacht?« – »Nein, wieso?« – »Ich bin dir egal geworden, alles ist dir wichtiger als unsere Verabredungen.« – »Das stimmt doch so gar nicht.« *Irgendwann begann sie zu weinen. Aber zum Glück bin ich gegen Tränen als Erpressungsinstrument völlig unempfindlich und hab mich dann etwas ruppig verabschiedet. Aber die Szene raubte mir erst einmal die Lust, Katherine wiederzusehen.*

Als der nächste Abend herannahte, griff ich zum Handy und schickte ihr eine SMS, dass wir uns heute leider auch nicht sehen könnten. Ich hatte einen auswärtigen Termin gehabt und bin dann gleich nach Hause gefahren. Ich musste einfach für mich alleine sein. Die Sehnsucht nach jemandem und das Begehren entstehen doch nur, wenn man aus einer selbstbestimmten Basis heraus freiwillig auf den anderen zugeht. Ich wollte auch nicht mehr erreichbar sein und stellte die Telefone aus. Dann freute ich mich darauf, jetzt einfach nur ein Bier öffnen, ein Buch zur Hand zu nehmen und nichts mehr sagen zu müssen.

Da klingelte es an der Haustür. Nichts ahnend – ich dachte, es sei vielleicht der Hausmeister – öffnete ich. Und da stand sie.

6 Besitzanspruch

In einem neckischen knallgelben Kleid, das toll zu ihrer schön gebräunten Haut passte. Die Haare hatte sie hochgesteckt, ein paar Strähnchen hingen herunter, was ihr einen verwegenen Ausdruck verlieh. Die Lippen waren verführerisch rot geschminkt. »Ich hab mir gedacht, ich bringe dir was zu essen«, sagte sie und drängte sich an mir vorbei in die Wohnung. Dort räumte sie meine Bierflasche beiseite, nahm zwei Weingläser aus dem Schrank und holte eine Weinflasche und eine Schüssel aus ihrem Korb. Ich sollte mich setzen, sie schenkte den Wein ein und stieß mit mir an.

Ein paar Sekunden später war der Tisch gedeckt, die Kerzen brannten, Servietten waren hindekoriert und ein Essen angerichtet. »Na, was sagst du jetzt? Das ist doch schöner, als so alleine dazusitzen.« Ich war total verblüfft und einfach sprachlos. Einerseits hatte sich Katherine viel Mühe gegeben, um mich zu verwöhnen. Andererseits aber war sie einfach über mein Bedürfnis, alleine zu sein, hinweggegangen.

So ist für mich keine Intimität möglich

Katherine war nicht wiederzuerkennen. Als wir gegessen hatten, schob sie einfach das Geschirr beiseite, hob ihr Kleid hoch und setzte sich rittlings auf mich. Sie nahm meine Hand und legte sie in ihren Ausschnitt. Dann bewegte sie sich auf mir und erwartete wohl, recht bald meine Männlichkeit zu spüren. Aber in mir regte sich nichts. Obwohl sie traumhaft aussah und sich so richtig schön sinnlich verhielt, wie ich es mir die ganze Zeit über gewünscht hatte. Ich konnte einfach nicht. Ich fühlte mich wie vergewaltigt. Ich drückte ihr einen Kuss auf die Stirn und hob sie von mir herunter. »Entschuldige bitte, ich bin heute einfach zu müde«, sagte ich. Sie wirkte unglaublich enttäuscht und tat mir schon wieder leid, als sie daraufhin ihre Sachen wieder packte und zur Tür ging. »Lass mir doch einfach ein bisschen Zeit«, bat ich sie und drückte sie noch einmal kurz zum Abschied.

An diesem Abend ist mir bewusst geworden, dass es so nicht mehr weitergehen konnte. Katherines entsetzliche Erwartung, ich möge mich ihr permanent zuwenden, und ihre sofortige Reaktion, wenn ich die Zuwendung einmal nicht geben konnte oder wollte, waren nicht mehr auszuhalten. So ist für mich auch keine Intimität möglich. Sexualität soll eine freudvolle Begegnung sein und keine Pflichterfüllung. Zu viel Nähe zerstört Nähe. Am Tag darauf habe ich die Beziehung beendet.

Oswalt Kolle
ganz persönlich

»Sie hängt der Illusion einer allgegenwärtigen Liebe an«

So manche Frau rückt gleich am Anfang einer Beziehung mit einer großen Tasche an und räumt ihre gesamten kosmetischen Utensilien in das Badezimmer ihres Freundes. Dann verlangt sie von ihm, dass er seinen Terminkalender total zugunsten ihres Terminkalenders verändert. Schließlich, so denkt sie, steht sie alleine im Mittelpunkt seiner Gefühle. Diese stürmische Vereinnahmung, von der kein Mann begeis-

6 Besitzanspruch

tert sein dürfte, wird nur noch von einer Sache übertroffen: Die neue Freundin lädt baldmöglichst seine Mutter zu ihm nach Hause ein, um von ihr alte Geschichten über ihren Liebsten zu erfahren und ihn auf diese Weise noch besser kennenzulernen. Das baldige Ende der Beziehung ist garantiert.

Eine solche Frau scheint, wie auch Katherine, nicht zu spüren oder nicht zu verstehen, dass sie nicht sofort all ihre Sehnsucht nach Nähe zeigen sollte, wenn sie den Freund an sich binden möchte. Denn oftmals suchen Männer einen größeren Abstand als Frauen, vor allem zu Beginn einer Beziehung. Zudem besteht eine gute Beziehung immer aus einem Wechsel von Nähe und Distanz. Ich denke dabei an den argentinischen Tango, für mich einer der schönsten Tänze. Das hinreißende daran liegt im Wechsel von Annäherung und Abstand. Diese beiden Faktoren ergeben die Spannung, die auch für eine gute sexuelle Beziehung unbedingt nötig ist. Wer zu dicht aufeinanderrückt, macht die Liebe zum Alltag. Aber Liebe sollte uns gerade aus dem Alltag herausholen. Ein Paar, das den ganzen Tag über kleine intime Zärtlichkeiten austauscht, sich ständig an Penis und Klitoris berührt, darf sich nicht wundern, wenn sich abends keine Spannung mehr einstellt. Es ist eine der wesentlichen Voraussetzungen für eine gute Beziehung, immer wieder die Spannung zwischen Abstand und Annäherung aufzubauen.

Deswegen kann es auch von Vorteil sein, wenn ein Paar eine sogenannte LAT-Beziehung – Living apart together – aufbaut. Dies ist die Bezeichnung für ein Paar, das trotz fester Bindung auf getrennten Wohnungen im selben Wohnort besteht. Man braucht dazu aber nicht unbedingt zwei Wohnungen, zwei Schlafzimmer genügen auch. Dann trifft man sich nur dann im Bett, wenn man Lust aufeinander hat.

Der eine besucht den anderen in dessen Revier. Auch das erhöht die Spannung zwischen zwei Partnern.

Katherine in unserer Geschichte hingegen hat eine sehr hohe Erwartungshaltung. Sie hängt der Illusion einer allgegenwärtigen Liebe an und will alles für ihren Partner sein: die geistig anspruchsvolle Gesprächspartnerin, die umsorgende Hausfrau und Köchin, die persönliche Vertraute, die zärtliche Geliebte. Damit wäre sie eigentlich immerzu mit ihm verbunden. Er hingegen wird ängstlich bei der Vorstellung, so viele verschiedene Rollen erfüllen zu müssen. Deswegen zieht er sich zurück. Als auch das nicht respektiert wird, tritt er die Flucht an und kündigt die Beziehung auf.

Wie viel Freiraum brauchen wir, und was lernen wir vom Stachelschwein?

Idealerweise haben beide Partner zeitgleich das Bedürfnis nach Nähe oder das Bedürfnis nach Alleinsein. Oft aber stellt sich ein Nähebedürfnis zu versetzten Zeiten ein. Zudem unterscheiden sich häufig auch die jeweiligen Vorstellungen davon, wie Nähe und Distanz aussehen sollen – Ursache von vielen Beziehungsproblemen. Erkannt haben das Phänomen bereits viele. Prägnant beschrieben hat es der Philosoph Arthur Schopenhauer in einer Parabel: Es ist ein kalter Wintertag, und die Stachelschweine frieren. So rücken sie eng aneinander, um sich zu wärmen. Dabei pieksen sie sich mit ihren Stacheln und rücken wieder auseinander. Nun aber frieren sie wieder. Immer wieder verändern sie den Abstand zwischen sich, bis sie die richtige Entfernung gefunden haben, um Schmerz und Kälte am besten zu ertragen.

6 Besitzanspruch

Die Bedürfnisse hinsichtlich Nähe und Distanz sind individuell sehr verschieden

In der Parabel sollen die Stachelschweine die Menschen repräsentieren, die einerseits ein Gesellschaftsbedürfnis haben und sich andererseits durch die schlechten menschlichen Eigenschaften gegenseitig abstoßen. Laut Bindungstheorie sind diese Bedürfnisse nach Nähe beziehungsweise Distanz abhängig von Erfahrungen in der Kindheit. Wer schon früh vertrauensvolle Erfahrungen mit nahen Bezugspersonen machen konnte, wird später eher die Nähe genießen, aber auch die Distanz ertragen können, ohne verunsichert zu sein. Wer hingegen vor allem im ersten Lebensjahr Störungen erleben musste, wie etwa eine Trennung von den Eltern, neigt dazu, sich zu einer abhängigen Persönlichkeit zu entwickeln. Spätere schlechte oder gute Beziehungserfahrungen spielen ebenfalls eine Rolle dafür, wie intensiv sich jemand auf eine Beziehung einlassen möchte. Hinzu kommen die genetischen Einflüsse, welche den Menschen von Geburt an bestimmen. Und als immer wichtiger entpuppen sich epigenetische Einflüsse. Damit sind Erkenntnisse aus der Biologie gemeint, nach denen nicht nur die genetische Ausstattung für das Wesen, die Vorlieben, Charaktereigenschaften oder auch für den Ausbruch von Krankheiten entscheidend ist. Vielmehr kommt es auch darauf an, ob diese Gene überhaupt »angeschaltet« werden. Für das An- und Ausschalten von Genen sind bestimmte Proteine verantwortlich, die vom Lebensstil, den eigenen Erfahrungen und sogar von den Erfahrungen der Mutter, die sich im Mutterleib auf uns übertragen, dirigiert werden.

Alle diese Einflüsse bestimmen auch, ob bei jemandem die Tendenz zum Alleinsein stärker ist oder die Tendenz zur Gemeinsamkeit. Der Abstand von anderen, den Menschen (oder Stachelschweine)

103

suchen, ist demnach ganz unterschiedlich, da die Bedürfnisse hinsichtlich Nähe und Distanz individuell sehr verschieden sind. Die individuellen Vorstellungen haben Einfluss darauf, wie wir uns eine Beziehung wünschen und wie wir sie gestalten möchten. Insofern ist es durchaus verständlich, dass zwei Menschen nicht automatisch dieselbe Vorstellung von einer Beziehung haben, selbst wenn sie sich gegenseitig anziehen, wie Wolfgang und Katherine in der Geschichte.

Die Beziehungsform »Living apart together« wird immer beliebter

Das Thema »getrennt und doch zusammen« oder »Living apart together« (LAT), das weiter oben schon angesprochen wurde, beschäftigt mittlerweile auch die Beziehungs- und Sexualforscher. Denn diese Lebensform ist in den vergangenen 15 Jahren immer beliebter geworden. Der Anteil an Paaren, die in getrennten Haushalten leben, ist von 11,6 Prozent im Jahr 1992 auf 13,4 Prozent im Jahr 2006 gestiegen. Das ist zwar kein explosionsartiger Zuwachs, aber doch ein unübersehbarer Aufwärtstrend. Eine weitere Tendenz nach oben ist zu vermuten. Die Auswertung der Studie nach Altersgruppen zeigt: Bei den über 38-Jährigen hat sich der Anteil sogar von etwa fünf Prozent auf rund acht Prozent erhöht. Zusammen sein und getrennt leben wird zu einer immer häufigeren Option, vor allem in Großstädten, in denen der LAT-Anteil doppelt so hoch ist wie in Gemeinden unter 20 000 Einwohner.

Zwar zeigen Analysen der Beziehungsdauer, dass LAT-Beziehungen in allen Altersgruppen im Durchschnitt weniger stabil sind als Partnerschaften in einem gemeinsamen Haushalt. Mit zunehmendem Alter wandelt sich jedoch das LAT-Verhalten. Während eine solche Beziehung bei den Jüngeren oft dadurch beendet wird, dass die Partner zusammenziehen, kommt dies bei älteren Menschen weniger häufig vor. Denn hier besteht meist kein Kinderwunsch mehr, und jeder ist beruflich und finanziell so weit etabliert, dass keine Notwendigkeit besteht, den Alltag gemeinsam zu organisieren. LAT-Partnerschaften sind also keineswegs nur ein Übergangsphänomen auf dem Weg zum Zusammenwohnen, sondern werden gerade von Älteren als eigenständige Form der Partnerschaft gewählt.

Wir können nicht alle Bedürfnisse gleichermaßen befriedigen

Warum aber ist das so? Können oder wollen wir den anderen nicht ertragen, obwohl wir ihn lieben? Schauen wir uns zunächst die Bedürfnispyramide nach dem US-amerikanischen Psychologen Abraham Maslow aus dem Jahr 1943 an. Ihm zufolge haben Menschen verschiedene Grundbedürfnisse, die hierarchisch geordnet sind. Auf unterster Stufe stehen die Bedürfnisse, die unsere Existenz gewährleisten, wie Essen, Trinken, Sicherheit. Auch die Sexualität gehört hierher, weil sie den Fortbestand unserer Spezies, also der Menschheit, sichert. Auf höheren Stufen kommen Aspekte wie Selbstverwirklichung und -bestätigung. Erst wenn die Bedürfnisse der unteren Stufen befriedigt wurden, möchte beziehungsweise kann man sich einem Bedürfnis auf einer höheren Stufe widmen.

Die Bedürfnispyramide wurde seitdem von Maslow mehrfach überarbeitet. Sie ist bis heute nicht unumstritten, aber es ist dennoch etwas Wahres daran. Wir haben verschiedene Bedürfnisse auf verschiedenen Ebenen, die nicht alle gleichzeitig und gleichermaßen zu befriedigen sind. Dies bestätigt auch der Chronobiologe Till Roenneberg aus München. Er bezieht sich auf die Bedürfnispyramide, aber vereinfacht sie wie folgt: Nachdem wir unsere Grundbedürfnisse wie Hunger, Durst und triebhaften Sex befriedigt haben, drängen uns nur noch zwei weitere Bedürfnisse, nämlich »Rudelpunkte sammeln« und »Angst vermeiden«. Wobei »Rudelpunkte« für die Anerkennung in der Gesellschaft stehen. Angstvermeidung kann Verschiedenes bedeuten, etwa eine Sicherheitsanlage zu installieren oder aber erfolgreiche Forschungsergebnisse hervorzubringen, die Körper und Psyche erklären, vorhersagbar machen und somit ebenfalls Sicherheit schaffen – wie es offenbar dem Bedürfnis von Wolfgang entspricht – oder den Partner durch strategisches Handeln an sich zu binden, wie Katherine.

Und deswegen kommt es zu Konflikten innerhalb eines jeden Individuums, aber auch innerhalb von Beziehungen. Zwar streben beide, Katherine und Wolfgang, nach Sicherheit und Angstvermeidung, doch ihre Methoden sind unterschiedlich. Für Wolfgang steht im Vordergrund, erfolgreich in seinem Beruf zu sein. Für Katherine ist vorrangig, eine gute Beziehung zu führen. Da beide Partner im gleichen beruflichen Umfeld agieren, wird die unterschiedliche Wertung sehr deutlich.

Und deswegen muss die Beziehung der beiden Personen in unserer Geschichte scheitern, wenn sie ihre unterschiedlichen Bedürfnisse nicht einschränken. Fände Katherine einen Partner, der ähnlich gelagerte Bedürfnisse besitzt wie sie, hätte sie eine größere Chance, glücklich zu werden. Allerdings gilt auch in diesem Fall, dass ein zu stark geäußerter Besitzanspruch die Liebe tötet.

Doppelbindung treibt groteske Blüten

Wenn zwei Partner wichtige Aspekte ihrer Beziehung nicht auf derselben Ebene der Bedürfnishierarchie ansiedeln, empfinden sie subjektiv das jeweilige Verlangen und Vorgehen des anderen sogar als Vernich-

6 Besitzanspruch

tung. Sie fühlen sich zerrissen zwischen verschiedenen Wünschen, zum Beispiel zwischen dem nach Sexualität und dem nach Selbstständigkeit, das heißt, sie befinden sich in einer unauflöslichen »Doppelbindung«.

Die Doppelbindung kann in Beziehungen groteske Blüten treiben, etwa wenn widersprüchliche Regeln aufgestellt werden. Zum Beispiel die Regel, ehrlich zu sein, und die Regel, sensibel zu sein. Beides geht nicht immer zusammen: »Sag ehrlich, sieht man, dass ich zugenommen habe?« – »Es könnte schon sein, dass du ein bisschen kräftiger wirkst. Aber das ist nicht schlimm.« – »Was, du findest, dass ich fett bin? Gefalle ich dir nicht mehr? Warum sagst du so etwas Gemeines?« Was will man darauf antworten?

Große Unterschiede in Bezug auf Nähe beziehungsweise Distanz führen oft auch zu ganz unglaublichen Strategien. Entweder um Zweisamkeit herzustellen, etwa indem man den anderen ständig mit Essen versorgt oder ihm die verruchte Geliebte vorspielt, die man eigentlich gar nicht ist – wie Katherine. Auch teure Geschenke können den Versuch darstellen, den Partner an sich zu binden, ja ihn von sich abhängig zu machen. Doch das bewirkt häufig genau das Gegenteil dessen, was man beabsichtigt, und treibt den Partner tatsächlich weg. Der oder die andere wird gerade dann sehr erfinderisch werden, wenn es darum geht, sich zu entziehen. Männer entdecken plötzlich ihre Liebe zum Golfspielen, zu Überstunden und Geschäftsreisen. Frauen, die zu stark bedrängt werden, brechen ebenfalls aus, indem sie Frauenabende einführen, das Telefon oder die Haustürklingel leise stellen und natürlich ebenfalls den Beruf besonders wichtig nehmen. Und wenn dann die Suche nach Freiräumen doch einmal in einen Flirt oder in ein sexuelles Abenteuer mündet, kann natürlich der Partner oder die Partnerin mit Recht sagen »Ich hab's ja immer gewusst!«. Doch im vermeintlichen Triumph steckt oft nichts weiter als eine selbst inszenierte Erniedrigung. Denn die Ursache liegt nicht unbedingt im Freiheitsbedürfnis des anderen, sondern im eigenen Bedürfnis nach (zu) viel Nähe.

Die Griechen kannten fünf verschiedene Begriffe für die Liebe

All dies hat damit zu tun, dass einer der Partner oder auch beide meinen, alles im anderen finden zu müssen. Menschen aus anderen Kulturen und aus anderen Zeiten können und konnten unterschiedliche Liebesbeziehungen auseinanderhalten. So differenzierten die alten Griechen fünf Begriffe für die Liebe: Da gibt es einmal Eros, die erotische Liebe, die von sexueller Lust und Anziehung geprägt ist. Dann Agape, die uneigennützige altruistische Liebe. Weiterhin gibt es noch Pragma, die pragmatische Liebe, bei der beide Seiten einen Nutzen aus der Beziehung ziehen und diese deshalb aufrechterhalten. Es gab Mania, die verrückte Liebe, die eifersüchtig, besitzergreifend und hemmungslos ist. Und letztendlich Storge, der Zuneigung auf eher freundschaftlicher Basis, die auf gemeinsamen Interessensgebieten beruht und gar nicht auf Sexualität.

Auch hierzulande war es bis ins 20. Jahrhundert hinein in bürgerlichen Kreisen völlig normal, zu heiraten, um rechtliche und finanzielle Probleme in den Griff zu bekommen. Und bei den Bauern hieß es, das »Sach zum Sach tun«. Anziehung war überhaupt kein Kriterium, und die Lust wurde gerne auch außerhalb der Ehe befriedigt. Eigentlich entstand erst zu Beginn des 20. Jahrhunderts die Idee, dass die Anziehung, also die romantische Liebe, auch in die Ehe einfließen sollte.

6 Besitzanspruch

Und nun soll plötzlich ein Partner für die Befriedigung aller
Bedürfnisse zuständig sein. Aus Sicht der Paar- und Sexualtherapie ist
das aber eine gefährliche Falle, da es den Bereich des Selbstseins nicht
mehr gibt. Man kann sich in keinen eigenen Bereich mehr zurückziehen.
Die Kontakte sind vorherbestimmt, die Abläufe des Zusammenseins
geregelt. Das vernichtet jegliche Spontaneität, das zufällige Ergattern
von Gelegenheiten, sich zu sehen, sich zu treffen, sich zu lieben.

Schauen wir noch einmal in die Schatzkammer der Biologie
hinein. Sie lehrt uns: Das Warten auf etwas Schönes, ein Erobern, das
lange Hinauszögern einer Belohnung regt die Dauer und Intensität der
Dopaminproduktion im Belohnungszentrum des Gehirns an. Wenn wir
also lange um jemanden werben müssen und ihn schließlich erobern,
wertet das Gehirn dies als wertvoller und schüttet mehr vom »Glücks-
hormon« aus, als wenn wir nur mit dem Finger zu schnippen brauchen,
um jemanden zu bekommen. Und gar kein Dopamin wird ausgeschüttet,
wenn sich der andere einem aufdrängt. Insofern sollten wir es mit dem
irischen Schriftsteller Oscar Wilde halten, der sagte: »Das Wesen der
Romanze ist die Ungewissheit.«

Katherine hat aus ihrer Sicht folgerichtig gehandelt: Sie war verliebt,
wollte viele Bezüge herstellen und eine partnerschaftliche Verbindlich-
keit auf mehreren Ebenen erreichen. Doch ihr geliebter Wolfgang hat
diese vielen Bezüge als bedrohlich erlebt. Er war psychologisch anders
gepolt und hatte zudem Angst, dass seine anderen Bedürfnisse ins
Hintertreffen geraten könnten. Dass eine solche Differenz der Bedürfnisse generell bestehen könnte, hätte Katherine wissen können. Und
darüber hinaus hatte sie es ihm auch noch zu leicht gemacht: Wolfgang
musste nicht mehr erobern, nichts mehr für die Beziehung tun und

konnte damit keinerlei stimulierende Erfahrungen machen. Insofern hat Wolfgang aus Angst und aus »Reizmangel« die Beziehung beendet, aus seiner Sicht zu Recht. Eine Option wäre gewesen, dass Katherine ihre Sehnsucht nach Nähe aufspart und dadurch Wolfgang die Gelegenheit gibt, seine Angst vor Vereinnahmung zu überwinden. Die Beziehung scheiterte also letztlich an einer mangelhaften Synchronisation der Bedürfnisse.

DER HEISSE TIPP

Wie Sie Nähe und Distanz miteinander in Einklang bringen

Das beste Rezept für eine gute Partnerschaft kann man in wenigen Worten ausdrücken: Bleibt immer ein bisschen unverheiratet. Nicht klammern. Die Beziehung nicht als selbstverständlich betrachten. Immer noch umeinander werben. Und: Geben Sie dem anderen die Freiheit, selbstständig und allein Freundschaften von früher pflegen zu können. Der Vorteil dabei ist: Wenn Sie den Partner oder die Partnerin nicht ständig mit Nähe überschütten, geben Sie der anderen Person die Möglichkeit, sich an Sie anzunähern.

Die Vorstellung, dass man für den anderen verantwortlich ist, nachdem man ein paar Nächte miteinander verbracht hat, ist überholt. Zwei Menschen müssen einen Weg finden, auch als zärtliches Paar zwei Individuen mit verschiedenen Zeitabläufen und Bedürfnissen zu

6 Besitzanspruch

bleiben. Wichtig ist dabei, dass Sie diesen Wunsch nach Unabhängigkeit auf eine Weise äußern, die nicht verletzend für den anderen ist. Erklären Sie dem anderen auf eine liebevolle Weise zunächst Ihre positiven Gefühle. Zum Beispiel wie sehr Sie es genießen, mit dem anderen eins zu werden. Aber dass Sie dann auch wieder Zeit brauchen, um zu sich selbst zu kommen. Und derjenige, der solche Worte hört, soll sich bewusst machen, dass es seinem Partner gerade am Anfang sicher nicht leicht fällt, etwas zu sagen, von dem er annimmt, dass es nicht supergut ankommt. Nehmen Sie solche Worte also entsprechend ernst.

Es ist sehr wichtig, sich gegenseitig die Bedürfnisse und Vorstellungen mitzuteilen, ohne zu erwarten, dass der andere sie gut findet oder akzeptiert. In dem Fall müssen Sie sich selbst bestätigen, dass Ihre Wünsche legitim sind. Dies ist natürlich riskant, aber es gibt keinen anderen Weg, um in einer Beziehung glücklich zu werden.

Umgekehrt gilt: Respektieren Sie die Wünsche des anderen, selbst wenn Sie diese nicht gut finden oder nicht einmal akzeptieren können. Aber Sie müssen respektieren, dass der andere bestimmte Wünsche hat.

Nähe und Distanz ist auch beim Sex wichtig. Es ist nicht sehr erotisierend, wenn der andere zum Beispiel beim Küssen keine Pausen einlegt und man/frau irgendwann das Gefühl bekommt, man möchte sich befreien. Wenn wir dagegen beim Küssen oder auch beim Sex kleine Cliffhanger einbauen, erhöht das meistens die Spannung.

Hygienezwang

Wer nach dem **Sexualakt** so schnell wie möglich Abstand sucht und unter die Dusche springt, begeht wahrlich eine Todsünde. Denn so jemand sieht den Sex als **etwas Schmutziges.** Das wahre Seelenheil aber finden wir nicht im Reinwaschen, sondern in der **Hingabe** und in der Nähe — und dabei geht es nun einmal nicht immer ganz hygienisch sauber zu.

»Es war die perfekte Technik, aber ohne das gewisse Etwas«

Neuwied: Christiane (41)
vermisst etwas bei Peer (36).

Unsere Geschichte dauerte kurz, sie fing unspektakulär an und endete schal: Ich bekam Besuch von einem Fachmann eines Sanitätshauses für Senioren. Meine Mutter wollte zu uns ziehen, und es mussten ein paar Kleinigkeiten umgebaut werden. Er war ein schöner Mann, das fiel mir sofort auf – sehr schlank, gleichmäßiges, symmetrisches Gesicht und die Haare mit Gel vorne ein bisschen hochgedreht, so wie sich momentan viele Männer stylen, breites Lachen. Und seriös gekleidet, im dunklen Anzug. Halt so ein Verkäufertyp, wie man ihn erwartet. Mich hat am Anfang nur gestört, dass sein Händedruck kalt und feucht war. Auch die Wolke aus Nikotin, die er mit sich brachte, nahm mich nicht unbedingt für ihn ein. Aber ich wollte ja auch nicht ins Bett mit ihm, sondern meinen Krempel so schnell wie möglich erledigen.

Schön war er ja, wenn auch nicht unbedingt mein Typ

Nachdem das Geschäftliche geklärt war, blieb er einfach am Küchentisch sitzen, wo wir uns in die Unterlagen vertieft hatten. Ich war sein letzter Termin für diesen Tag, es war auch schon neun Uhr abends, und er wollte offenbar noch ein bisschen reden. Nun gut, ich wollte nicht unhöflich sein, zumal er mir wirklich

7 Hygienezwang

geholfen hatte, und bot ihm ein Glas Wein an. *Das löste seine
Zunge, und er wurde ganz anders als vorher. Gesprächiger, wit-
ziger, lockerer. Mit einem Mal waren wir auch beim Du. Ich fragte
ihn, was er sonst so mache, und er erzählte mir vom Billardspielen.
»Und das tust du auch mit Anzug?«, fragte ich ihn, wahrscheinlich
doch ein bisschen flirtend. Ich wollte eigentlich nichts von ihm,
aber andererseits war ich sexuell etwas ausgehungert. Ich habe
zwei kleine Kinder und einen Ehemann, der sich aus dem Staub
gemacht hat und nicht mal richtig Unterhalt zahlt. Da blieb für
mich, mit Kindern und Arbeit, nicht viel Zeit, um auszugehen und
Männer kennenzulernen. Vielleicht wurde Peer deshalb im Laufe
des Abends immer attraktiver für mich. Schön war er ja, wenn
auch nicht unbedingt mein Typ. Jedenfalls berichtete er, dass er
manchmal tatsächlich im Anzug spiele, aber in einem maßge-
schneiderten Lederanzug. Ehrlich gesagt, wusste ich bis dahin
nicht, dass es so etwas überhaupt gibt.*

*Als er mich das nächste Mal besuchte – ich musste noch
einiges unterschreiben – staunte ich nicht schlecht. Wir hatten
wieder einen Abendtermin, dann sind meine Kinder im Bett und
ich habe meine Ruhe. Und da stand er – in einem schwarzen
Anzug aus weichem, feinem Leder. Wow! Als Oberteil trug er ein
schwarzes T-Shirt, so ein bisschen netzartig gewebt. Da musste ich
echt hingucken. Nicht schlecht! Er grinste mich breit an und gab
mir einen Kuss links und rechts auf die Wange. Und eine Flasche
Wein drückte er mir außerdem in die Hand, einen schweren roten
Shiraz. Der war aber nicht auch noch als Geschenk verpackt.*

*Nach den Unterschriften entkorkte ich seinen Wein. Mit Peer
war eine Verwandlung vor sich gegangen. Er saß breitbeinig da,*

*freute sich offensichtlich darüber, dass er mich mit seinem Outfit
überrascht hatte, und hielt mir sein Weinglas entgegen. Ich wollte
ihm einschenken und stand direkt vor ihm. Da zeichnete sich doch,
gut sichtbar durch die feine Lederhose, ein wirklich ansehnlicher
Ständer ab. Jetzt musste ich auch grinsen. Er verstand warum
und zog mich zu sich auf seinen Schoß.*

*Nun gut, es kam, wie es kommen musste. Wir landeten im
Bett. Seine Hände waren jetzt angenehm warm. Und sein Ständer
war tatsächlich enorm groß. Der Sex war gut. Peer ließ sich immer
wieder neue Stellungen einfallen. Er reagierte sofort und stellte
sich auf mich ein, wenn ich das Tempo etwas anziehen oder sonst
etwas Neues wollte. Es war eigentlich perfekt. Ihm schien es auch
zu gefallen. Als er dann in mir kam, hatte ich mehrere Orgasmen
gehabt und war zufrieden. Bis dahin war alles okay. Doch dann
zog er seinen Schwanz aus mir heraus und ließ sich mit dem
größtmöglichen Abstand zu mir auf die Matratze fallen. Aber
auch da blieb er nicht lange, sondern nahm seine Sachen, sprang
unter die Dusche und kam dann völlig angekleidet wieder zurück.
»Sei mir nicht böse«, begann er vorsichtig, »aber nach dem Sex
kann ich keine Berührung ertragen. Das hat nichts mit dir zu tun,
mit meiner Freundin früher war es genauso.«*

Peer brachte einen Penis zum Umschnallen mit

*Von nun an besuchte mich Peer ein- bis zweimal in der Woche,
wir gingen miteinander ins Bett, und dann verließ er mich wieder.
Ich habe auch ein paar erotische Fummel zu Hause, und so sprachen wir uns jedes Mal vorher ab: transparent, Lack oder Leder?
Wenn wir uns auf transparent einigten, trug er als Unterwäsche*

7 Hygienezwang

so halbdurchsichtige Sachen. Es sah immer sehr gut aus, nie peinlich. Einer seiner Slips hatte feste Nähte, der Bereich über seinem Schwanz war blickdicht, aber wölbte sich schön hervor, der Rest ließ einen knackigen Arsch sehen. Manche Oberteile waren hauteng, andere waren netzartig, so wie beim ersten Mal. Wenn wir uns auf Leder einigten, dann sah er etwas derber aus. Peer brachte auch andere Überraschungen mit, so zum Beispiel einen Penis zum Umschnallen, befestigt an einem Tangaslip aus festem Leder. Wenn ich hineinschlüpfte und irgendwelche Schnallen festzurrte, sah es so aus, als hätte ich einen Penis. Und was für einen! Peer hatte eine Riesendimension gewählt.

Er machte auch immer Fotos von uns, und dieses Foto mit meinem Ständer besitze ich immer noch. Er kniete sich

dann hin, legte seinen Oberkörper runter und streckte mir seinen Po entgegen. Dann bearbeitete ich seinen After mit einer Gleitcreme und drang mit dem umgeschnallten Dildo in ihn ein. Zuerst dachte ich: »Das geht doch gar nicht.« Aber als ich dann vorsichtig etwas mehr drückte, gab sein After nach. Es war ganz leicht. Peer hatte mir erzählt, dass er bi sei, er war es also offenbar gewohnt. Für mich war es eine tolle Vorstellung, ihn mit diesem Riesending zu ficken. Ich habe ihn dann so lange damit bearbeitet, bis er stöhnte und offenbar einen Orgasmus hatte, auch wenn er dabei nicht abspritzte.

Solche Dinge machten wir. Er fesselte mich auch, oder ich ihn. Wir befriedigten uns selbst, während der andere zuschaute und Fotos machte. Wir schauten zusammen Pornos, aber was für welche. Dazu sag ich jetzt wirklich nichts. Einmal übernachteten wir sogar zusammen in seinem Bett. Das war zwei Meter breit, und wir konnten sehr weit auseinander liegen. Denn dieser Punkt hatte sich nicht geändert. Nach dem Sex zuckte er richtig zusammen, wenn ich ihn anfasste. Und er musste sofort unter die Dusche. Da war noch ein Punkt: Er rasierte sich vorher immer, bevor er zu mir kam. Aber alles. Achselhaare, die intimen Haare und sogar ein paar Haare auf der Brust und auf dem Rücken. So als wollte er eine Art Ken sein – obwohl ich sicher nicht wie Barbie aussehe – und alles körperlich Natürliche beseitigen. Das fand ich auch merkwürdig. Und abgesehen davon waren abends die Haare, die er morgens wegrasiert hatte, wieder stoppelig nachgewachsen, was dann ziemlich störend war.

Es war, als ob mich ein Callboy besuchte

Ich habe die Beziehung nach einigen Monaten beendet. Der Sex mit ihm war perfekt und abwechslungsreich. Peer war oft einfühlsam, dann aber auch wieder sehr männlich. Es gab einfach nichts zu bemängeln. Trotzdem fehlte mir das gewisse Etwas. Der Sex war fast klinisch. Es fehlte einfach die Hingabe, der Wunsch, in den anderen hineinkriechen zu wollen, ganz egal, ob er schwitzt oder einen Pickel hat. Man will doch die Gerüche des Partners geradezu aufsaugen und kann gar nicht genug davon bekommen. So stelle ich mir jedenfalls erfüllenden Sex vor. Ich muss oft an das Lied von Klaus Lage denken, in dem er eine verflossene Liebe besingt: »Zeig dich frühlingsfrisch den andern Kerlen, zeig ihn' meinetwegen mehr, nur dein Schweiß, die kleinen Perlen, die gib bitte niemand her.« Und deswegen ist »Hingabe« für mich das Zauberwort beim Sex. Aber mit Peer war es, als ob mich ein

Callboy besuchte: Er spulte perfekt sein technisches Programm ab, duschte und ging. Das wollte ich irgendwann nicht mehr.

Viel später gab es wegen meines Umbaus noch einmal etwas zu bereden. Bei der Gelegenheit gestand mir Peer, dass er sich damals heftig in mich verliebt und eine richtige Beziehung gewollt hatte. Da war ich dann doch betroffen. Hatte ich ihn so völlig falsch eingeschätzt? Er ist übrigens heute mit einem Pärchen zusammen und ganz zufrieden. Ich bin nach dieser kurzen Episode leider wieder alleine.

Oswalt Kolle

ganz persönlich

»Durch das Duschen will er den Sex ungeschehen machen«

Der amerikanische Schauspieler Woody Allen wurde einmal gefragt, ob er Sex für schmutzig hält. Seine Antwort: »Ja, wenn er gut ist.« Das Tierische, Wilde und Schmutzige beim Sex ist oftmals ein Ausgleich für einen Alltag, in dem Höflichkeit, Freundlichkeit und Angepasstheit die Regeln bestimmen. Man will dann die eigenen Grenzen überspringen, und es entsteht eine totale Hingabe, bei der eben keine »Anstandsregeln« mehr gelten – und auch nicht gelten sollten. Aus der Erzählung von Christiane ist herauszulesen, dass sie Sex so versteht. Nicht aber Peer, der den Akt wohl mehr als hygienischen Vorgang betrachtet, an dessen Ende Reinheit und Sauberkeit stehen sollten. Doch sei hier kurz angemerkt: Generell ist es so, dass viele Männer nach dem Sex am Penis sehr empfindlich sind. Erzwingen Sie als Partnerin in dem Fall kein Kuscheln und Streicheln. Das macht beide nur unglücklich. Normal ist auch, wenn ein Mann nach dem Sex einschläft. Das ist rein biologisch begründet: Der Blutdruck, der zuvor stark erhöht war, fällt ab, bei manchem Mann geht er sogar richtig in den Keller, und dementsprechend erschöpft fühlt er sich erst einmal. Hormonelle Veränderungen nach dem Orgasmus verstärken außerdem die Müdigkeit. Und dann fallen ihm eben die Augen zu. Nehmen Sie es ihm nicht übel. Damit vergällen Sie sich nur das schöne Erlebnis zuvor.

Vermutlich geht es in der Geschichte mit Peer und Christiane aber um mehr, nämlich um Peers Einstellung zur Sexualität und alles, was dazugehört, wie Intimität und Hingabe. Mir scheint es, als hätte Peer richtig Angst vor Intimität – übrigens eine typische Männerangst. Die Fixierung auf das richtige Outfit – Leder, Lack und so weiter – beim Sex spricht dafür. Denn es war nicht die Rede davon, dass die beiden sich auch einfach einmal nackt und ohne Drumherum dem Sex hingegeben hätten. Und so scheint mir das Outfit wie eine Barriere zwischen den beiden gestanden zu haben.

Oft entsteht die Angst vor Intimität, wenn jemand in einem zärtlichkeitsarmen Zuhause aufgewachsen ist. Und wenn es auch noch ein Junge war, der mit den Eltern kuscheln wollte, hieß es vielleicht zu oft:»Lass das, du bist doch ein Junge.« Und das wirkt bis ins Erwachsenenalter nach: Ein solcher Mann hat gelernt, sein Bedürfnis nach Zärtlichkeit zu verbergen, um sich nicht schutzlos auszuliefern.

Dass Peer direkt nach dem Sex unter die Dusche springt, zeigt für mich, dass er sich unbehaglich fühlt. Er will das, was noch auf das soeben Vollbrachte hindeutet, nämlich den Geruch nach der Feuchtig-

7 Hygienezwang

keit der Frau und nach seinem eigenen Sperma, quasi ungeschehen machen, indem er es schnellstmöglich abwäscht. Es drängt sich der Eindruck auf, Sexualität sei für Peer etwas Schmutziges. Dahinter steckt die Angst vor dem Animalischen. Oder vielleicht hat Peer auch in der kritischen Phase seiner Kindheitsentwicklung prägende Erfahrungen gemacht, die bis heute nachwirken (siehe dazu auch Kapitel 1, Seite 22 – das Brückenexperiment).

Generell haben übrigens viele Menschen, Männer und Frauen, Angst davor, sich völlig hinzugeben und zu losgelöst zu wirken. Sie haben Angst, zu laut zu stöhnen, weil sie nicht wissen, wie sie dann auf den Partner oder die Partnerin wirken. Insbesondere Frauen haben gelegentlich auch Angst um ihre Frisur, also weniger davor, die Haare anschließend wieder richten zu müssen, sondern dass sie während des Sexualaktes eventuell nicht so vorteilhaft aussehen. Natürlich muss dem anderen nicht alles gefallen, was er sieht, aber man muss das Vertrauen haben, dass es ihn auch nicht stört, sondern ihm in dem Moment einfach egal ist, weil es um Wichtigeres geht. Deswegen spricht die Fähigkeit zur Hingabe zum einen für eine gute, vertrauensvolle Beziehung, zum anderen aber auch für ein gesundes Selbstvertrauen und Selbstsicherheit. Bei Peer war es nun so: Er scheint insgesamt etwas unsicher zu sein, wofür auch die kalten, feuchten Hände bei der ersten Begrüßung sprechen. Im Rausch der sexuellen Gefühle gelang es ihm offensichtlich, seine Ängste oder Bedenken teilweise zu vergessen. Seine starke Fixierung auf die äußerliche Kleiderordnung im Bett gibt ihm weitere Sicherheit, er muss sich nicht ganz nackt zeigen und kann körperliche Mängel verstecken. Doch umso stärker kamen Ängste und Bedenken danach, wenn der Akt beendet war, wieder in sein Bewusstsein.

Was haben Hingabe und Vertrauen mit Hirn und Hormonen zu tun?

Ob jemand das Vertrauen entwickelt, das nötig ist, um sich einem anderen Menschen voll und ganz hingeben zu können, ist eine Frage, mit der sich vor allem die Psychologie beschäftigt hat. Mittlerweile weiß man aber auch einiges über Abläufe im Gehirn und im Hormonhaushalt, die mit der sexuellen Hingabe in Zusammenhang stehen.

Die Rolle des Hormons Oxytocin

Eine Studie der Universität Bonn und des Babraham-Instituts Cambridge unter der Leitung von René Hurlemann zeigte erstmals, dass Oxytocin durch Dehnung der Geschlechtsorgane bei der Geburt und durch den Saugakt beim Stillen ausgeschüttet wird. Deswegen galt es lange Zeit auch ausschließlich als Mutterschaftshormon. Doch mittlerweile ist bekannt: Oxytocin wird freigesetzt, wenn sich Liebende zärtlich anfassen, liebevoll ansehen oder sich nette Dinge ins Ohr flüstern. Allerdings, so schreibt die Neurobiologin Louann Brizendine in ihrem Buch »Das weibliche Gehirn«, haben Männer nur halb so viel Oxytocin im Gehirn wie Frauen. Das erklärt vielleicht, weshalb Männern das Image der raubeinigen Kerle anhaftet und für sie Hingabe schwieriger ist als für Frauen. Glaubt man einer Studie der schwedischen Wissenschaftlerin Kerstin Uvnäs-Moberg, müssen Männer zwei- bis dreimal häufiger berührt werden als Frauen, damit sie auf den gleichen Oxytocingehalt im Gehirn kommen.

Die Frage ist, ob dieser Aspekt auch Peer aus Christianes Geschichte geholfen hätte. Sein fluchtartiges Verhalten spricht nämlich eher dafür, dass er Hingabe gar nicht anstrebte oder dass ihm das nötige

Vertrauen dafür fehlte. Laut Psychoanalyse bildet sich das Vertrauen in den ersten Kindheitsjahren, wenn sich auch die Bindung zu den Eltern entwickelt. Beziehungsweise es ist vielmehr von Anfang an ein Urvertrauen vorhanden, das aber besonders in den ersten Jahren durch Defizite im Verhältnis zu den Eltern oder anderen Bezugspersonen gestört werden kann. Vernachlässigung, Lieblosigkeit und Gewalt sind die schlimmsten und auch häufigsten Verfehlungen, die Eltern an einem Kind begehen können. Allerdings besteht in Bezug auf Bindung und Urvertrauen doch auch wieder eine Verbindung zu Oxytocin. Denn beim Baby wird durch Saugen und Hautkontakt ebenfalls Oxytocin freigesetzt und damit die soziale Interaktion angeregt, Angst reduziert und Entspannung hervorgerufen – also Vertrauen hergestellt. Und auch wenn eine Person erst später immer wieder enttäuscht wird, wird sie irgendwann aus Selbstschutz lernen, möglichst kein Vertrauen zu anderen Menschen zu entwickeln.

Die weibliche Ejakulation

Totale Hingabe kann zum totalen Orgasmus führen. Bei ungefähr einem Drittel aller Frauen, so die Ärztin Sabine zur Nieden in ihrer Dissertation, kommt es dann zur weiblichen Ejakulation. Das ist ein Flüssigkeitserguss, wobei es sich allerdings nicht um Urin, auch nicht um die normalen Vaginalsekrete handelt. Die Flüssigkeit kommt – jedenfalls zum Teil – von Drüsen, die sich neben der Harnröhre befinden. Ihre Zusammensetzung ist jedoch noch nicht analysiert, und man weiß auch noch nicht, wie genau der Erguss ausgelöst wird. Denn es ist naturgemäß schwierig, die Momente stärkster Erregung, Enthemmung und Hingabe, die für die weibliche Ejakulation offensichtlich wichtig sind, unter wissenschaftlichen Bedingungen herzustellen. Sie zeigt aber deutlich, dass das Hingeben und Loslassen tatsächlich auch einen Kontrollverlust mit sich bringt. Dem Mann wird dies selbstverständlich zugestanden: Er erlebt normalerweise den Orgasmus zeitgleich mit dem Herausschleudern des Ejakulats, was einen besonderen Gefühlsreiz ausmacht. Wenn es bei Frauen unter bestimmten Umständen zu einem ähnlichen Phänomen kommt, schämen sie sich manchmal deswegen, zumeist aus Unsicherheit. Die größte Unsicherheit besteht darin, dass sie zu urinieren glauben, was aber nicht der Fall ist. »Erst seit ich weiß, dass es weibliche Ejakulationen gibt, erlebe ich meine Ergüsse viel lustvoller und zweifle nicht mehr an meiner Normalität«, zitiert Sabine zur Nieden eine der von ihr befragten Frauen. Und wie reagieren Männer darauf? Viele Männer finden die weibliche Ejakulation gut, für sie ist sie ein Kompliment, weil sie wissen, dass Frauen sich in dem Moment tatsächlich hingeben. Allerdings gibt es auch Männer, denen das nicht gefällt, meist übrigens ebenfalls aus Unkenntnis.

Denken und Fühlen machen den Sex abwechslungsreich

Das heißt nun nicht, dass man sich immer nur permanent hingibt, sich treiben lässt und sich ständig empathisch und emotional verhält. Vielmehr sollte dieser Zustand auch reflektiv begleitet werden. Denn mit den rationalen Anteilen des Gehirns entscheiden wir, welche Stellungen gewählt und welche Variationen ausprobiert werden. Wir überlegen, wie man den Partner oder die Partnerin bestmöglich erregt und wann es Zeit wird, ihn oder sie mal wieder ein bisschen auf die Folter zu spannen. Auch ein zeitlicher Aspekt will bedacht sein: Welche Tageszeit ist die beste? Und wie viel Zeit will man für den Sexualakt einräumen?

7 Hygienezwang

Zum Glück ist das menschliche Gehirn dazu fähig, in einer Situation die zwei verschiedenen Seinszustände – den sich selbst vergessenden und den rationalen – abwechselnd einzunehmen. Im hingebungsvollen Zustand können wir ein Erlebnis staunend und gefühlvoll empfinden. Im rationalen Zustand können wir versuchen, es denkend zu begreifen. Zurück zur Hingebung und in die gefühlte Gegenwart gelangt man, indem man zum Beispiel seine Atemzüge verfolgt oder sich wieder ganz auf den gemeinsamen Rhythmus mit dem Partner einlässt. So macht das Zusammenwirken aus rationalem Denken und gefühlvollem Staunen die Sexualität erfolgreich und abwechslungsreich. Und ein optimaler Liebespartner ist sowohl hingebungsvoll und emotional als auch rational und kontrolliert.

Schauen wir noch einmal auf die Geschichte: Um Peer zu helfen, doch noch zu einer hingebungs- und vertrauensvollen Sexualität zu finden, hätte ihn Christiane lieben oder ihm zumindest starke Gefühle entgegenbringen müssen, die aber von ihrer Seite aus nicht gegeben waren. Insofern war diese Geschichte wahrscheinlich tatsächlich von vorneherein zum Scheitern verurteilt.

DER HEISSE TIPP

Wie Sie sexuelle Hingabe lernen können

Das ist das große Geheimnis in der Sexualität: Wie gebe ich mich hin? Wie setze ich mich darüber hinweg, dass ich beruflichen Stress habe? Wie vergesse ich, dass ich zu viel wiege, dass meine Haut nicht rundum glatt ist und dass ich beim Sex merkwürdige Grimassen schneide, die ich später lieber nicht auf einem Foto sehen möchte?

Machen Sie sich zunächst einmal klar, dass hinter diesen Befürchtungen eine Neigung zur Kontrolle steht. Wahrscheinlich stehen Sie beruflich unter dem Zwang, nie Ihr Gesicht zu verlieren und sich immer perfekt und unangreifbar zu zeigen. Nun übertragen Sie dies auch auf Ihr Sexualleben, haben Angst davor, beim Sex das Gesicht zu verlieren, sich weich und aufgelöst zu zeigen. Doch was im Beruf der Karriere dient, kann beim Sex den besten Orgasmus verhindern. Um ihm doch ein Stück näher zu kommen, erstellen Sie zunächst eine Liste mit zehn peinlichen und unangenehmen Vorkommnissen, die Sie beim Sex besonders gerne vermeiden möchten. Dann bringen Sie die Ereignisse in eine hierarchische Reihenfolge. An Punkt 1 steht das, was Sie am wenigsten fürchten, an Punkt 10 Ihre größte Angst. Zum Beispiel so:

1: Ich habe Angst, dass meine Frisur durcheinandergerät.
2: Ich habe Angst, dass sich bei manchen Bewegungen mein Bauch herauswölbt.

7 Hygienezwang

3: Ich habe Angst, dass sich Schweiß unter den Achseln bildet.

4: Ich habe Angst, dass mein Gesicht verzerrt aussieht, wenn ich einen Orgasmus bekomme.

5: Ich habe Angst, dass hinterher Flecken auf dem Laken zu sehen sind.

6: Ich habe Angst, dass er ohne Vorwarnung in meinem Mund kommt (dass ich unkontrolliert zum Höhepunkt komme).

7: Ich habe Angst, dass uns die Nachbarn hören.

8: Ich habe Angst, dass ich nicht feucht werde / dass ich keinen hochkriege.

9: Ich habe Angst, dass ich einen falschen Namen rufe.

10: Ich habe Angst, dass ich beim Orgasmus furze.

All diese Ängste tragen dazu bei, dass Sie sich gar nicht mehr trauen, irgendetwas etwas Schönes, Neues, Ungewohntes zu tun oder die Empfindungen zu genießen und sie mit wilderen Bewegungen noch zu verstärken. Denn je weniger Sie sich kontrollieren, desto größer wird die Wahrscheinlichkeit, dass Ihnen die Punkte eins bis zehn widerfahren. Aber wenn Sie das Bett genauso perfekt gestylt verlassen wollen, wie Sie es bestiegen haben, besteht die Gefahr, dass Sie dort keinen Genuss erleben.

Deswegen nehmen Sie sich jetzt Ihre Ängste und Peinlichkeiten Schritt für Schritt vor, beginnend mit Ihrer Nummer 1. Überlegen Sie zunächst, ob Sie vorbeugen können, zum Beispiel mit einem Pferdeschwanz, der nicht so leicht verrutscht, anstatt mit einer kunstvollen Fönfrisur. Oder indem sich beide Partner spielerisch die Augen verbinden. Dies hat gleich mehrere Vorteile: Der visuelle Aspekt fällt einfach weg, Sie müssen also keine Angst mehr haben, dass Sie optisch nicht in jedem Moment hundertprozentig perfekt aussehen. Zudem werden die anderen Sinne, wie Hören, Schmecken und Tasten, geschärft, was den Sex ebenfalls interessanter machen kann.

Zu Punkt neun: Im Zustand der höchsten Lust einen fremden Namen zu schreien, ist im ersten Moment höchst peinlich, und man möchte am liebsten in der Matratze versinken. Auch der Partner wird dies wahrscheinlich zunächst einmal ziemlich schlimm finden. Aber was ist passiert? Sie denken beim Orgasmus nicht mehr logisch. Die Hirnforschung kann dies sogar beweisen, denn sie zeigte, dass beim Orgasmus die Hirnhälften entkoppelt werden und kaum mehr miteinander kommunizieren. Das heißt, der Name, der gerufen wird, schlummert vielleicht noch irgendwo im motorischen Gedächtnis, ist aber in diesem Moment sicher nicht mit der entsprechenden Person verknüpft. Doch bevor Sie dies Ihrem Partner lang und breit erklären müssen, bauen Sie lieber vor. Flüstern Sie den Namen des oder der Liebsten generell häufiger im Bett, dann kommen Sie nicht durcheinander. Auch ein guter Trick: Verwenden Sie beim Sex immer nur neutrale Bezeichnungen: mein Süßer, mein Schatz, mein Liebling usw.

Zu Punkt 10 sei noch gesagt: Im Rausch empfindet und wertet man anders als im Alltagsleben. Es ist natürlich nicht sicher, dass es Ihren Partner anmacht, wenn Sie während des Geschlechtsaktes allerlei Töne von sich geben. Aber die meisten Männer sind wahrscheinlich begeistert, wenn Sie Ihrer Liebsten so viel Lust bescheren, dass diese nicht mehr an sich halten kann. Frauen umgekehrt auch.

Wenn auf Ihrer Liste Punkte stehen, die Sie nicht vorbeugend vermeiden können, dann überlegen Sie sich, was passieren könnte, wenn das befürchtete Ereignis eintritt. Wovor fürchten Sie sich wirklich, wenn Ihre Frisur durcheinandergerät? Wird Ihr Partner oder Ihre Partnerin

7 Hygienezwang

Sie tatsächlich verlassen, wenn Sie beim Sex furzen? (Wir wissen nicht, ob das häufig vorkommt, aber es kann immerhin passieren.) Oder Sie unattraktiv finden? Vermutlich nicht. Indem Sie sich Ihre Ängste bewusst machen, ist bereits ein großer Schritt getan. Nun aber geht es weiter. Denn beim nächsten Mal riskieren Sie es einfach einmal, sich so zu bewegen, wie Sie gerade möchten. Fangen Sie wieder mit Punkt 1 an. In welcher Stellung werden Ihre Haare am ehesten verwirbelt? Dann ist das jetzt die richtige für Sie. Und spüren Sie, wie viel schöner es ist, welches Glücksgefühl sich ausbreitet, wenn Sie sich nicht dauernd kontrollieren müssen. Und so gehen Sie Ihre Liste Punkt für Punkt durch.

Diese Methode nennt man in der Psychotherapie systematische Desensibilisierung. Eigentlich geht es dabei um Ängste und Phobien. Sie können damit lernen, sich einer pelzigen Vogelspinne bis auf wenige Millimeter zu nähern, während Sie vorher schon vor dem kleinsten achtbeinigen Insekt Reißaus genommen haben. Mit dieser Methode lernen Sie aber auch die Hingabe. Sie gestatten sich schrittweise, immer mehr Regeln aufzugeben, die Sie bislang im Bett bestimmt haben. Sie vollziehen nicht mehr nur die Missionarsstellung, weil Sie denken, so sieht man Ihren dicken Po am wenigsten. Sie werden Ihren Partner lecken und sich in seinen Schoß vergraben, ohne auch nur einen Gedanken an Ihre Haare zu verschwenden. Sie werden Ihrem Partner erlauben, zärtlich zu Ihrem After zu sein, wenn Sie den Wunsch danach verspüren, ohne Angst vor Entweichungen irgendwelcher Art zu haben. Sie werden sich im Bett immer mehr gehen lassen. Dabei werden zwangsläufig einige Dinge aus Ihrer Liste passieren. Doch nun merken Sie: Ihr Partner läuft nicht weg, sondern wird so begeistert von Ihrer neuen Hingabefähigkeit und Leidenschaft sein, dass er die vermeintlichen Peinlichkeiten gerne in Kauf nimmt. Ja mehr noch, er wird sie sehr wahrscheinlich nicht einmal bemerken. Indem Sie schrittweise positive Erfahrungen mit der Hingabe machen, finden Sie den Mut, noch ein bisschen weiter über sich hinauszuwachsen und sich noch ein bisschen mehr zu trauen.

Jeder Mensch, der nach Hingabe strebt, kann auch aus der sadomasochistischen Szene lernen – ohne dass Sie derartige Neigungen entwickeln müssen. Das Besondere daran: Das Warten wird ganz groß geschrieben. Es beginnt mit der sprachlichen Vorbereitung: »Warte bis heute Abend, dann wirst du für deine Vergehen so bestraft, wie du es wünschst. Denke darüber nach, wie du dir die Bestrafung wünschst. Und du weißt auch, dass ich (als der »Strafende«), so lange warte, wie du es brauchst.« Oder: »Warte noch eine Stunde, erst dann sollst du aus deiner misslichen Lage, die dich erniedrigt und quält – dich aber anmacht – erlöst werden.« Das Spiel darin besteht, dass derjenige, der bestraft werden soll, sich nach der Strafe (Schläge auf den Po, Peitsche, Fesseln) sehnt und derjenige, der straft, eine zusätzliche Qual ausübt, indem er die Strafe verwehrt. Damit sind wir jetzt beim Thema Hingabe angelangt: Beide Partner sind durch die Regeln des Sadomaso-Spiels gezwungen, sich ausschließlich und ganz auf den momentanen Vorgang zu konzentrieren, um sich schließlich gegenseitig die höchste Lust zu bereiten. Dabei sind die Sinne und der Verstand in hohem Maß gefordert, und alle anderen Gedanken verschwinden. Das ist eine wichtige Voraussetzung für die totale Hingabe und gilt für jede Art von Sexualität.

Wenn Ihnen die Hingabe besonders schwer fällt, dann machen Sie eine Vorübung: Setzen Sie sich in Ihren gemütlichen Lesesessel und überlegen Sie, in welchen Situationen Sie Raum und Zeit vergessen können. Manchen gelingt dies beim Musikhören, anderen beim

7 Hygienezwang

Tanzen, Lesen, Klettern, Skifahren oder auch beim Kochen. Stellen Sie sich den Zustand genau vor und versuchen Sie, sich in das schöne Gefühl hineinzuversetzen. Denn auch in diesen Situationen geben Sie sich hin, nämlich an das, was Sie gerade tun. Wenn Ihnen das Hineinversetzen gelungen ist, dann stellen Sie sich vor Ihrem geistigen Auge vor, wie Sie mit Ihrem Partner im Bett liegen. Erspüren Sie den anderen. Stellen Sie sich den Sex in Einzelheiten vor. Die Hände des anderen, wie sie über Ihren Körper streicheln oder Sie energisch anfassen. Auf diese Weise verknüpfen Sie in Ihrer Vorstellung die bekannte Situation etwa des Musikhörens mit der Sexualität. Machen Sie diese Vorübung täglich. Stellen Sie sich jedes Mal eine neue Einzelheit aus Ihrem Sexualleben vor. Auf diese Weise bilden Sie eine Verknüpfung zwischen der Hingabe und der Sexualität, die sich im Bett dann auch automatisch einstellt.

Und nun noch ein praktischer Tipp aus der Biochemie speziell für Frauen: Nehmen Sie Ihren Partner beim Sex immer mal wieder in den Arm und streicheln Sie ihn an allen Stellen des Körpers. Es heißt zwar, Männer seien schwanzfixiert und hätten nur dort erogene Zonen. Aber denken Sie an die Oxytocin-Ausschüttung, die Sie damit anregen. Stärken Sie mit Zärtlichkeiten sein Vertrauen und sein Einfühlungsvermögen und damit seine Hingabefähigkeit.

Erscheint Ihnen das alles zu kompliziert? Dann können Sie sich natürlich auch zurückhalten und somit Peinlichkeiten gar nicht erst riskieren. Aber das wäre sehr schade. Denn damit riskieren Sie trotzdem etwas, nämlich dass Ihr Orgasmus an der Oberfläche bleibt und nicht so tief und erfüllend wird, wie es seinem Potenzial entspräche.

Vorurteil

Es ist wahrlich keine **Tugend,** sich immer der Meinung anderer anzupassen. Vielmehr begehen wir eine schlimme Sünde, wenn wir die eigenen **Gefühle verleugnen** und Bedürfnisse unterdrücken, nur weil etwas »sich nicht gehört« – zum Beispiel Sex im Alter. Eine Todsünde wird daraus, wenn wir die Vorurteile verinnerlichen und selbst **daran glauben.**

»Alle Klischees musste ich mit ihr durchackern«

Köln: Martin (45) erobert Inge (57)
trotz ihrer Widerstände.

Es begann an meinem Geburtstag. Ich hatte eigentlich keine Lust, den Tag zu feiern. Aber Freunde hatten alles für mich arrangiert. Und so fand dann doch eine Party in meiner Wohnung statt. Die meisten Gäste waren jünger als ich, zwischen 30 und 40, und ich mittendrin, 45 Jahre alt und ziemlich depressiv. Ich hatte gerade, nach fünf Jahren unerträglicher Ehe, meine Scheidung hinter mir. **Es war die Scheidung von einer Frau, in die ich mal schrecklich verliebt gewesen war, doch in meiner Verliebtheit hatte ich ihren grenzenlosen Egoismus lange Zeit nicht gesehen.** *Sie wollte eigentlich immer nur eines: Spaß, Spaß, Spaß, ohne Rücksicht auf meine Gefühle, auf meine Stimmung, auf meine finanzielle Situation. Vielleicht lag es daran, dass sie deutlich jünger war als ich. Vielleicht war es aber auch einfach ihr Charakter. Jedenfalls hat sie mich total ausgebeutet, und so hätte ich am Scheidungstag wohl froh sein müssen, dass der Albtraum nun endlich vorbei war. Aber dem war überhaupt nicht so. Das Ganze hatte mich richtig gebeutelt.*

8 Vorurteil

Es darf auf keinen Fall etwas mit Sex zu tun haben

Unter den Geburtstagsgästen war eine Frau, die ich ungefähr auf meinen Jahrgang schätzte. Sie war gepflegt, elegant, und sah doch jung und dynamisch aus. Und weil sie da war, fing eine neue Phase in meinem Leben an. Und schließlich auch in ihrem Leben. Aber begonnen hat eigentlich alles so falsch wie nur möglich.

Ich unterhielt mich mit ihr, doch nach einer Weile meinte sie, ich solle mich besser um eine der Jungen kümmern und meine Zeit nicht mit einer alten Frau verschwenden. Ich fand das idiotisch und sagte, sie sei doch nicht alt, sondern eine attraktive, tolle Frau und dass ich lieber mit ihr sprechen wolle. Und von den ganz jungen Frauen hätte ich sowieso genug. Ich erzählte ihr von meiner Ehe. Später stellte sich dann heraus, dass diese Frau, Inge, eben nicht in meinem Alter war, sondern 57, was ich ihr absolut nicht glauben mochte. Sie war seit sieben Jahren Witwe und litt noch immer unter dem Tod ihres Mannes. Ein einziges Mal hatte sie danach eine kurze Beziehung mit einem anderen Mann gehabt, was aber zum Streit mit ihrer damals bald 30-jährigen Tochter geführt hatte, die voller Empörung meinte, ihr Papa würde dadurch betrogen und dass die Mutter das doch nicht machen könne und überhaupt, wozu brauche die Mutter denn jetzt noch einen neuen Mann. Das war die Geschichte. Inge kam dann sehr schnell damit heraus, dass sie sich zwar mit einem Mann befreunden könnte, aber dass das auf keinen Fall etwas mit Sex zu tun haben dürfe. Da sei sie noch immer völlig an ihren verstorbenen Ehemann gewöhnt. Außerdem dachte sie, dass sie mittlerweile nicht mehr anziehend genug sei. Davon ließ sie sich auch nicht abbringen. Das Wichtigste für sie war aber – ich konnte das ganz deutlich spüren –, die Beziehung zu ihrer Tochter nicht zu gefährden. Und die Tochter biss jeden Mann weg, der sich auch nur in die Nähe ihrer Mutter wagte.

Wir verstanden uns an diesem Abend aber so gut, dass wir beschlossen, eine Art Freundschaft zu führen, ab und zu miteinander essen zu gehen und gemeinsam etwas zu unternehmen. Sie war ein Typ wie Senta Berger, und wenn ich sie darauf ansprach, dann musste sie lachen. Die sei doch Schauspielerin und hätte ein ganz anderes Leben und auch eine ganz andere Einstellung zu Liebe und Sexualität. Und schon betonte Inge wieder, dass sie keinerlei Interesse an sexuellen Erlebnissen hätte, dass ich das akzeptieren und respektieren müsse, nur dann könnten wir Freunde sein.

Es vergingen drei Monate, in denen ich mich rasend verliebte

Immer wieder versuchte Inge, mich mit Rechenbeispielen zu überzeugen. Wenn ich ihr vorschlug, doch unsere Freundschaft vielleicht zu erweitern, dann rechnete sie mir vor: »Wenn du 50 wirst, bin ich schon über 60. Wenn du 55 wirst, dann bin ich schon 67, spätestens dann ist doch sowieso alles aus.« Und um ihre Aussagen zu bekräftigen, sagte sie mir, dass ihre Freundinnen bei diesem Thema derselben Meinung seien: Auf der einen Seite wollten sie zwar alle keinen alten Mann. Aber einen jungen durfte man sich auch nicht nehmen, weil der einen nur enttäuschen und sich schnell wieder an ein junges Mädchen heranmachen würde. Alle Klischees, die es zu dem Thema gab, musste ich mit ihr durchackern.

Trotzdem entwickelten wir eine schöne Beziehung, wenngleich ohne Sex. Vor allem hatten wir tolle Gespräche miteinander. Wir gingen auch zusammen tanzen. Aber wenn ich probierte, ein bisschen mehr Körperkontakt herzustellen, stieß sie mich augenblicklich weg. **Auch wenn ich beim Essen zärtlich über ihren Arm strich, klappte sie zu wie eine Auster.** *In solchen Situationen sagte sie Sätze wie: »Ich habe Angst, mich in dich zu verlieben, das führt nur zu schrecklichen Enttäuschungen, ich kann das alles nicht.« Irgendwann bei einem Gespräch über körperliche Fragen fiel der klassische Satz, sie würde in keinem Fall mehr zu einem Frauenarzt gehen, sondern nur zu einer Ärztin, weil sie sich vor keinem Mann mehr nackt zeigen möchte.*

So vergingen drei Monate, in denen ich mich rasend in Inge verliebte. Aber ich durfte das nicht so offen zeigen, sonst wäre sie mir entglitten. Ich fühlte mich bei ihr zu Hause, sie konnte so wunderbar zuhören und zeigte auch viel Verständnis für meine Enttäuschung über meine Ehe. Es musste einfach etwas geschehen, und da kam mir schließlich eine Idee. Ich lud sie über das Wochenende in ein kleines Landhotel mit großem Wellness-Bereich ein. Das war ein Schock für sie – mit mir zusammen in einem Hotel, was konnte da nicht alles geschehen. Ich bot ihr an, zwei Einzelzimmer zu nehmen. Das fand sie aber auch wieder übertrieben, weil sie schließlich doch irgendwie meine Freundin war. Außerdem koste das viel zu viel Geld. So war Inge auch. Nach einigem Zögern sagte sie schließlich zu.

Am ersten Nachmittag im Hotel schlug ich ihr vor, gemeinsam in die Sauna zu gehen. Wieder schreckte sie zurück. Ich bot ihr an, wir könnten uns ja beide in den jeweiligen Kabinen entkleiden und uns dann eingehüllt in ein Handtuch in der Sauna treffen. Ich musste ihr versprechen, nicht auf ihren Körper zu starren, der nun mal nicht mehr so sei wie bei einem jungen Mädchen. Ich gestand ihr, dass ich auch keinen Waschbrettbauch mehr hätte wie ein 20-Jähriger, aber dafür einige kleine Fettpölsterchen, über die sie ihrerseits bitte auch hinwegsehen müsse. Und so fingen wir nach drei Monaten behutsam an, ein bisschen befreiter miteinander umzugehen.

Und irgendwann fielen die Handtücher

Wir trafen uns also mit unseren Handtüchern in der Sauna. Als wir da so voreinander standen, schmiegte sie sich an mich. Und dann gab sie mir den ersten Kuss, der mehr war als die bisherigen Freundschaftsküsschen auf die Wange. Ich erinnere mich noch genau an alle Details, obwohl es nun zehn Jahre her ist.

Sie zitterte am ganzen Leib wie ein junges Mädchen beim ersten Mal. Und irgendwann, nach einigen Minuten, fielen die Handtücher. Wir standen nackt zusammen und fühlten unsere Körper. Es war ein großer Moment, in dem eine Liebesgeschichte anfing aufzublühen. Da war in uns beiden so viel aufgestaute Sehnsucht nach Zärtlichkeit und Hingabe. Das zeigte sich später auch im Bett. Und immer wieder sagte ich ihr, wir müssten ja keinen Striptease zusammen machen, darum gehe es nicht. »Es geht um Zärtlichkeit und darum, zusammen zu sein.« Sie verstand mich, und wir waren zum ersten Mal ganz beieinander. Es war wunderbar, die Leidenschaft flutete ruhig und ohne heftige Bewegungen, wir verströmten uns ineinander. Es war ein weiterer Moment tiefer Liebe, als sie mir danach sagte: »Du musst jetzt schlafen, das wird dir guttun. Und es stört dich doch nicht, wenn ich dir dabei zuschaue?« ... Nein, das störte mich überhaupt nicht.

Ich finde, dass an diesem Tag etwas ganz Besonderes geschehen ist. Ich fühlte mich zum ersten Mal seit vielen Jahren wieder zu Hause und das hieß – zu Hause, bei Inge. Inzwischen bin ich 55, sie etwa 67, und wieder fängt sie an, darüber nachzudenken, wie es ist, wenn sie 70 wird. Und ich sage ihr wieder, sie solle doch das Jonglieren mit den Zahlen lassen. »Das Alter spielt keine Rolle. Wir lieben uns, wir gehören zusammen, wir sind ein Paar, und das wollen wir bleiben, solange es uns beiden miteinander gut geht.«

Oswalt Kolle

ganz persönlich »Man muss erst loslassen, bevor sich eine neue Chance auftut«

Niemand ist zu alt für die Liebe, niemand ist zu alt, um sich zu verlieben. Das ist meine Überzeugung, das ist auch meine Erfahrung. Aber in Gesprächen mit vielen älteren Menschen – Frauen wie Männern – höre ich oft Resignation. Nach dem Tod des Partners oder nach einer schmerzhaften Trennung kommen im höheren Lebensalter dann die grauen Gedanken: Ich habe doch sowieso keine Chance mehr. Ich mache mich doch nur lächerlich. Was sollen meine Kinder sagen, wenn ich mich noch einmal verliebe? Aber dennoch spüre ich im Gespräch mit älteren Menschen eine große Sehnsucht nach einer neuen Beziehung. Häufig sind sie aber auch noch blockiert durch die Idee, dem verstorbenen Partner untreu zu werden. Wer sich davon nicht befreien kann, wird niemals für eine neue Liebe offen sein. Dieses »Sichöffnen« ist eine Grundvoraussetzung, um das Abenteuer einer neuen Partnerschaft einzugehen. Man muss erst loslassen, bevor sich die Chance für eine neue Partnerschaft auftut.

Ich weiß, wovon ich rede: All diese Fragen haben auch meine neue Liebe und mich am Anfang beschäftigt. Ich war 76 und meine neue Partnerin 64, als wir uns kennenlernten. Doch ein Problem hatten wir nicht, das der sexuellen Lustlosigkeit. Wir waren und sind immer noch heißblütig und leidenschaftlich an Erotik und Sexualität interessiert. Ich möchte Ihnen das nur sagen, damit Sie sich nicht einreden lassen, die Lust auf Sexualität, Intimität, Leidenschaft und Hingabe ließe im Alter nach.

Es gibt zwei große Ängste gegenüber der Sexualität nach dem 50. Lebensjahr. Bei Frauen hauptsächlich die Angst, dass sie körperlich nicht mehr so attraktiv sein könnten für einen Mann, schon gar nicht für einen jüngeren. Die große Angst bei Männern ist, dass sie nicht mehr so potent sein könnten, wie sie es gerne sein wollen. Hier spiegelt sich auch die Einstellung der Jüngeren gegenüber der Sexualität von Älteren wieder. Es gab eine Umfrage unter 20-Jährigen, und die Mehrheit von ihnen war der Auffassung, dass sexuelle Aktivität und selbst der Wunsch danach prinzipiell mit 45 Jahren enden. Solche Ideen haben natürlich Einfluss auf die älteren Männer und Frauen, wenn sie immer wieder hören und lesen, dass Sexualität nur etwas für die Jungen sei. Man muss

8 Vorurteil

deshalb den Älteren Mut machen, sexuelle Erlebnisse zu genießen, wenn sie das möchten. Damit soll kein Druck ausgeübt werden, aber wir Älteren sollten lernen, die eigene Position, Sehnsüchte und Wünsche zu formulieren und auch zu realisieren.

Ich will an dieser Stelle nichts verherrlichen. Sexualität ist natürlich durch das körperlich Machbare beeinflusst. Manche Stellungen klappen nicht mehr so recht. Auch dauert es im Alter manchmal länger, bis sich nach einem Orgasmus wieder so richtig Lust auf eine Wiederholung einstellt. Aber dafür haben Ältere das Geschick und die Erfahrung, jeden einzelnen sexuellen Akt durch Ausdauer und Fantasie zu etwas Besonderem zu machen.

Für Paare, die sich ihre Lust und Sexualität erhalten wollen, ist es außerordentlich wichtig, dass sie über ihre Wünsche und Ängste so offen und ehrlich wie möglich kommunizieren, auch wenn es ihnen schwer fällt. Und wenn das Reden so gar nicht vonstatten gehen mag, dann gibt es immer auch den nonverbalen Weg der Verständigung über Gesten und Zärtlichkeiten.

Noch wichtiger ist der Rat, die Sexualität nicht einschlafen zu lassen. Auch hier gilt: Wer rastet, der rostet. Oder anders ausgedrückt: Use it or lose it – gebrauche es oder verliere es. Dies gilt für Männer und Frauen gleichermaßen. Denn bei beiden Geschlechtern ist die Sexualität mit bestimmten körperlichen Funktionen verbunden. Beim Mann muss sich das Schwellkörpergewebe mit Blut füllen, damit es zu einer Erektion kommt. Wird das nicht trainiert, baut sich das Schwellkörpergewebe um, und es geht gar nichts mehr. Bei Frauen ist es ähnlich. Beim Sexualakt schwellen die Schleimhäute der Vagina an, dadurch intensiviert sich das Empfinden. Ohne entsprechendes Training kollabiert die Vagina, das heißt, sie wird eng und undurchdringlich. Das soll nicht bedeuten, Sexualität sei Leistungssport. Nein, sie ist ein freiwilliges lustvolles Spiel, aber wenn Sie Spaß daran haben, müssen Sie die Funktionsfähigkeit der Organe trainieren.

Aber auch wenn die innere Einstellung stimmt, wenn beide Partner wirklich Sexualität miteinander genießen wollen, kann es zu Störungen kommen, weil der Körper im Alter und bei bestimmten Krankheiten wie Diabetes oder Bluthochdruck anders reagiert als beim jungen und gesunden Menschen. Hier kann und muss der Arzt helfen. Aber Sie müssen den Mut haben, Ihre sexuellen Probleme mit ihm zu besprechen. Frauen nach der Menopause sprechen mit ihrem Arzt über alles, nur nicht über die Lustgefühle und die Schwierigkeiten beim Verkehr. Verwunderlich ist das nicht in einer Gesellschaft, die ältere Menschen ausgrenzt und ihnen das Gefühl gibt: Wenn du Falten hast, wenn du müde bist, wenn du weniger leistest, dann bist du auch nichts mehr wert. Schnell kommt dann die eigene Schlussfolgerung: Ich bin als individueller Partner nicht mehr attraktiv. Ich möchte Sie an dieser Stelle aufrütteln, dass Sie das nicht mit sich machen lassen. Lassen Sie es nicht so weit kommen, dass andere darüber bestimmen, wie begehrenswert Sie sich fühlen. Denn Attraktivität liegt nicht an einer faltenlosen jungen Haut, sondern an Ihrem Potenzial an Zärtlichkeit und an der Kenntnis Ihrer eigenen sexuellen Wünsche und denen Ihres Partners.

Wie sieht der Sex von Senioren aus, und was sagt die Statistik?

»Mit 66 Jahren, da fängt das Leben an«, sang einst Udo Jürgens. Und so langsam dringt in unser Bewusstsein, dass das auch für die Sexualität gilt. Herrschte früher das Vorurteil, das Alter sei asexuell – die Sexual-forscher William H. Masters und Virginia E. Johnson zum Beispiel interessierten sich nur für die Koitusfrequenz der bis zu 60-Jährigen – so kann man die letzten 30 Jahre als die Jahrzehnte des »Tabubruchs« bezeichnen. Dieser begann mit dem US-amerikanischen Starr-Weiner-Report über »Liebe und Sexualität in reiferen Jahren« aus dem Jahr 1981: Demnach schlafen rund 20 Prozent der älteren Paare ab 60 mindestens einmal pro Woche miteinander. 44 Prozent der Männer und 47 Prozent der Frauen befriedigen sich darüber hinaus selbst. Zum ersten Mal räumte jemand systematisch mit dem Ammenmärchen auf, dass die Lust mit dem Alter schwinde. Auch bei Inge in unserer Geschichte merken wir recht bald, dass ihre Erklärungen, sie habe keinerlei Inter-esse an sexuellen Erlebnissen, zu stereotyp vortragen werden, um glaubhaft zu sein. Wie sich zeigte, hatte Martin einen guten Instinkt, als er hartnäckig versuchte, Inges Vorurteile langsam aufzuweichen.

Der Wandel in der Sexualität wird als Gewinn erlebt

So nach und nach griffen die Wissenschaft und die Presse das Thema auf. Aber erst im Jahr 2008 wurde in Deutschland dazu wieder eine Langzeiterhebung veröffentlicht, nämlich die »50+ Studie« des Osna-brücker Sozialwissenschaftlers Dieter Otten. Demnach haben rund 80 Prozent der Männer und gut 60 Prozent der Frauen zwischen 50 und 70 Jahren regelmäßigen und durchaus variantenreichen Sex. Diese höhere Zahl als im Starr-Weiner-Report kommt dadurch zu-stande, dass jetzt nicht nur allein die Koitusfrequenz gemessen wurde, sondern das gesamte sexuelle Spektrum. Der Heidelberger Altersfor-scher Andreas Kruse meint dazu: Sexualität und Erotik unterliegen im höheren Lebensalter einem Gestaltwandel, der von den meisten Frauen und Männern nicht als Verlust, sondern als ein Gewinn erlebt wird. Die Sexualität ist nicht mehr in dem Maße körperlich akzentuiert, wie dies in früheren Lebensjahren der Fall gewesen ist, sondern sie ist sehr viel stärker in den emotionalen Kontext der Beziehung eingebettet. Entsprechend gewinnt die Zärtlichkeit zunehmend an Bedeutung. Sie wird im Alter sehr viel häufiger als in früheren Lebensjahren als wichtige, wenn nicht sogar als zentrale Ausdrucksform von Sexualität begriffen. Wenn Zärtlichkeit ausgedrückt und gelebt werden kann, dann ist damit eine wichtige Voraussetzung für die Zufriedenheit mit der eigenen Sexualität gegeben. Dies ergaben Kruses Befragungen von alten und hochbetagten Menschen. Auch die Tatsache, dass die Zeitspanne bis zum Eintritt der vollen Erregung bei älteren Frauen und Männern deutlich länger ist als bei jüngeren, wird vielfach als potenzieller Gewinn und nicht als ein Verlust erlebt. Als Gewinn deshalb, weil damit auch deutlich mehr Möglichkeiten zum zärtlichen Austausch gegeben sind. Das heißt nun nicht, dass bei Älteren die Zärtlichkeit an die Stelle der Sexualität tritt. Aber es bedeutet, dass durch die langsamere Gangart die Zärtlichkeit wichtiger wird. Dies beschrieb auch Martin in unserer Geschichte.

Trotz zahlreicher Veröffentlichungen zu dem Thema nahm die Allgemeinheit die Tatsache, dass Ältere tatsächlich auch Sex haben, aber erst so richtig mit dem Film »Wolke 9« aus dem Jahr 2008 wahr. Darin wurde hierzulande erstmals ein altes Paar bei lustvollen körperlichen Aktionen im Bett gezeigt und diese Tatsache viel diskutiert. Und hier noch ein paar weitere Beispiele für sexuelle Wünsche im Alter aus Film und Fernsehen: Kommissarin Bella Block knutscht immer wieder mit ihrem auch schon älteren Freund herum, mit Händchenhalten ist es hier nicht getan. Wer Soaps mag, kommt diesbezüglich auch auf seine

8 Vorurteil

Kosten, in der Dauerserie »Marienhof« suchte eine der älteren Protagonistinnen, nämlich Inge Busch, nach einem Partner, und auch hier war richtige sexuelle Leidenschaft am Werke. Und im internationalen Film gibt es das ebenfalls, etwa in »Reach for Me« (2008), »Away from Her« (An ihrer Seite, 2006), »It's Complicated« (Wenn Liebe so einfach wäre, 2009). Das frühere Vorurteil vom asexuellen Alter mag offenbar kein Drehbuchautor mehr bedienen.

Damit ist allerdings nicht gemeint, dass nun zwangsläufig jeder Mensch ab einem gewissen Alter Sex haben muss. Denn das Verlangen hängt natürlich immer von vielen verschiedenen Faktoren ab.

Liierte haben mehr Sex als Singles

Generell ist für sexuelle Aktivitäten im Alter die Tatsache wichtig, ob eine Beziehung besteht oder nicht. Dies beschreibt der Schweizer Psychologe Thomas Bucher in seinem Buch »Altern und Gesundheit«. Er hat eine Fragebogenstudie durchgeführt, an der 641 Männer und 857 Frauen im Alter zwischen 45 und 91 teilnahmen: Liierte Personen haben mehr Sex als Singles, das ist schon in jüngeren Jahren so und verstärkt sich im Alter. Bei Männern über 65 haben knapp 40 Prozent von denen, die keinen festen Partner haben, regelmäßig Geschlechtsverkehr, aber fast 70 Prozent der Männer, die in einer Beziehung leben. Bei den Frauen ist dieser Unterschied noch gravierender: Nur etwa 5 Prozent der Frauen über 65 ohne Partner haben regelmäßigen Sex, aber 70 Prozent der Frauen mit einem Partner.

Allerdings ist die Partnerschaft kein Garant für gelebte Sexualität. Bucher stellte nämlich auch fest: Bis zum 60. Lebensjahr verringert eher eine lange Partnerschaftsdauer die sexuelle Aktivität als das eigentliche Alter. Ein wesentlicher Grund ist oft eine emotional zerrüttete

Beziehung, die natürlich auch noch in späteren Jahren zutage treten kann. Eine 77-jährige Frau, die von der Psychologin Dr. Kirsten von Sydow interviewt wurde, sagte zum Beispiel:»Wenn da nicht so viel zwischen uns gewesen wäre, das abstoßend war, ich wäre sexbereit. Wenn ich den richtigen Partner hätte, der nicht so egoistisch wär, dann wollt ich selbst die (sexuellen) Anlagen noch heben können. Aber nicht so. Ein Mensch kann nicht immer geben, geben, geben, und der andere nehmen, nehmen, nehmen.« Sie war von ihrem Partner enttäuscht und wollte deswegen auch im Bett nichts mehr von ihm wissen.

Mit dem Älterwerden brauchen wir stärkere, länger andauernde Reize

Wenn man über Sex im Alter nachdenkt, sind auch die körperlichen Veränderungen zu berücksichtigen. Bei Männern lässt mit der Zeit die Potenz nach, weil schleichend geringere Mengen des Männlichkeitshormons Testosteron gebildet werden. Ab dem 65. Lebensjahr kann dies zu spürbaren Veränderungen führen. So dauert es länger, bis eine Erektion zustande kommt, sie ist weniger hart, und manchmal fehlt sie ganz. Auch wird eine stärkere Stimulation notwendig. Außerdem nimmt die Spermienproduktion ab. Und die häufig auftretende gutartige Vergrößerung der Prostata kann darüber hinaus Probleme beim Ejakulieren mit sich bringen.

Auch bei der Frau stellen sich Veränderungen ein. In den Wechseljahren, die etwa mit dem 50. Lebensjahr beginnen, verringert sich die Östrogenproduktion um 90 Prozent. Dieser Vorgang wird bei einem guten Drittel der Frauen von Beschwerden begleitet, zu der auch die Trockenheit der Scheide gehört. Zehn Jahre später schrumpfen dann durch den dauerhaft tiefen Östrogenspiegel die weiblichen Organe, wie

Eierstöcke und Gebärmutter, aber auch die Scheide. Für den Sex ist vor allem relevant, dass die Vaginalschleimhäute dünner und trockener werden. Gynäkologen weisen allerdings darauf hin, dass mit einer dort aufgetragenen östrogenhaltigen Creme die Veränderungen an der Scheide aufgefangen werden können. Außerdem sind sie nicht sicher, ob Feuchtigkeitsmangel beim Geschlechtsverkehr nicht vor allem andere Ursachen hat, so zum Beispiel eine mangelnde Stimulation. Denn mit dem Älterwerden brauchen Frauen genau wie auch Männer stärkere und länger andauernde Reize. Wie der Psychologe Bucher hervorhebt, kann der Feuchtigkeitsmangel in der Scheide zudem auf fehlende partnerschaftliche Nähe zurückgehen.

Auch Medikamente wie Betablocker gegen Bluthochdruck, Herz-Kreislauf-Medikamente, Beruhigungsmittel, Psychopharmaka, Entwässerungsmittel, Kortison, Mittel zur Magenentsäuerung und Antiandrogene können beim Mann die Erektionsstärke und bei der Frau die Feuchtigkeitsbildung in der Vagina stören. Es ist also nicht immer nur das Alter Ursache von sexuellen Störungen. Auch fast alle häufigen Krankheiten haben einen negativen Einfluss auf sexuelle Aktivitäten – etwa Herz-Kreislauf-Erkrankungen, Bluthochdruck, Diabetes, Nieren- und Leberschädigungen, Schilddrüsenerkrankungen, Depression oder Gelenkbeschwerden, um nur einige zu nennen.

Frauen haben im Alter weniger Sex als Männer – wahrscheinlich gezwungenermaßen

Vor allem beim Mann stellen sich aufgrund dieser Einflüsse und entsprechender Erfahrungen Versagensängste ein. In der Konsequenz lassen es viele Männer dann erst gar nicht mehr darauf ankommen und leben lieber enthaltsam. Das hat das Forscherehepaar Masters und

Johnson herausgefunden: »Beim Auftreten vereinzelter Impotenzerlebnisse beenden die meisten Männer die koitale Aktivität und verzichten auf weitere Versuche, den Geschlechtsverkehr zu vollziehen.« Entscheidend sind hier Leistungsansprüche, die Männer schon seit frühester Jugend mit Sexualität verknüpfen.

Bei Frauen hingegen verändert sich die Bedeutung der Sexualität trotz – oder wegen? – der körperlichen Veränderungen auch zum Positiven. Denn mit dem Ende der Reproduktionsfähigkeit fällt die permanente Sorge um eine ungewollte Schwangerschaft weg, und es kann sich eine unbeschwerte Sexualität entwickeln. Viele Frauen berichten auch, dass sie erst ab etwa 40 entdeckten, welche lustvollen Möglichkeiten in ihrem Körper stecken.

Trotzdem aber haben Frauen im Alter weniger Sex als Männer. Wahrscheinlich gezwungenermaßen. Denn es spielt auch noch eine demografische Besonderheit in ihr Sexleben mit hinein: Frauen haben eine höhere Lebenserwartung als Männer und sind zudem im Bundesdurchschnitt mit einem vier Jahre älteren Mann verheiratet. Das führt dazu, dass in der Gruppe der über 60-Jährigen drei Viertel der Männer verheiratet und drei Viertel der Frauen alleinstehend sind. Also ist Partnerschaft die normale Situation für ältere Männer, aber nicht unbedingt für ältere Frauen. Und wenn sich die Frauen im späten Alter aufmachen, erneut einen Partner zu suchen, dann kommen rein statistisch betrachtet ungefähr vier suchende Frauen auf einen potenziell zur Verfügung stehenden Mann.

Aus all diesen Gründen ist es absolut richtig, was uns Madonna, Vivienne Westwood, Drew Barrymore und genauso auch Inge aus unserer Geschichte vorleben: Sie haben sich einen deutlich jüngeren

8 Vorurteil

Partner gesucht. Auch aus einem anderen Aspekt heraus ist ein solcher Schritt nicht falsch: Denn im Allgemeinen gilt, dass ein Mann in jungen Jahren häufiger Sex wünscht als in späteren Jahren. Während für den Mann die Bedeutung von Sexualität auf einem hohen Niveau beginnt und dann abfällt, startet sie für eine Frau auf einem niedrigen Level, um dann anzusteigen. Rein rechnerisch kreuzen sich die beiden Verlaufslinien bei einer Altersmarke zwischen 35 und 40. Nur in diesem Alter haben Frauen und Männer etwa gleich viel Lust auf Sex.

DER HEISSE TIPP

Wie Sie die Vorzüge des reiferen Alters beim Sex nutzen

Von älteren Frauen hört man oft die Klage, dass Männer sie nicht mehr anschauen. Das liegt zum Teil auch daran, dass sich viele ältere Frauen nicht mehr so pflegen, wie sie es früher getan haben, dass sie zu wenig Wert auf ihre äußere Erscheinung legen. Und auch so mancher Mann lässt sich mit zunehmendem Alter gehen. Aber das ist eigentlich respektlos und arrogant gegenüber einem tatsächlichen oder potenziellen Partner. Die Nachlässigkeit könnte darauf hinweisen, dass ältere Menschen dem Äußeren nicht mehr so viel Wert beimessen wie jüngere und sagen wollen: »Wer etwas von mir will, soll meine inneren Werte erkennen.« Aber eine andere Person muss erst einmal auf Sie aufmerksam werden und Lust bekommen, in Ihnen einen inneren Schatz zu

149

suchen. Ein gepflegtes Äußeres ist die Eingangspforte zu Ihren inneren Werten. Verknüpft mit auffordernden Blicken, einladenden Gesten und interessiertem Eingehen auf den anderen ergibt sich daraus dann das ganz normale Flirtprogramm – auch in höherem Alter.

Wenn Sie in fortgeschrittenem Alter sind, sollten Sie – egal ob Frau oder Mann – dabei nicht immer daran denken, was Sie nicht mehr haben, etwa die jugendliche Fitness oder die straffe Haut. Konzentrieren Sie sich vielmehr darauf, was Sie der Jugend voraushaben, nämlich Erfahrung mit Ihrer eigenen Sexualität. Ältere Menschen wissen meist genau, was sie wollen und was nicht. Und sie haben Erfahrung mit Partnern, wissen also auch gut, was der andere wollen könnte und was nicht. Übrigens: Der Vorteil in der Anfangsphase einer Beziehung ist, dass Verliebte eine rosarote Brille tragen, denn sie befinden sich in einer Hormonsituation, in der sie unbewusst Dinge ausblenden, die ihnen nicht gefallen, und sich auf das konzentrieren, was sie anmacht und begeistert. Sie ticken so und Ihr Partner ebenfalls. Insofern müssen Sie sich wegen körperlicher Unvollkommenheiten ohnehin keine Sorgen machen.

Wenn Freunde oder Familie Ihnen von Ihrem neuen Glück abraten, dann ist das für Sie verletzend, und nicht immer sind die Empfehlungen wohlmeinend. Versuchen Sie genau zu unterscheiden zwischen unbefriedigten Neidern und Neiderinnen einerseits und andererseits den Menschen, die tatsächlich besorgt um Sie sind. Auf die erste Gruppe gibt es eine wirksame Reaktion: Schüren Sie den Neid bis zum Überdruss, indem Sie immer wieder in grellen Farben Ihren Genuss beschreiben. Das wird die missgünstigen Menschen lehren, überhaupt nicht mehr auf das Thema einzugehen. Mit der zweiten Gruppe sollten Sie sich ernsthaft auseinandersetzen und deutlich

8 Vorurteil

machen, dass Sie Ihre Beziehung, so lange es geht, genießen wollen, dies aber nicht bedeutet, dass Sie sich von Ihren Lieben abwenden. Denken Sie zum Beispiel an den Film »Angst essen Seele auf« von Rainer Werner Fassbinder aus dem Jahr 1974. Da verliebt sich eine verwitwete ältere Putzfrau in einen etwa 20 Jahre jüngeren Marokkaner. Die beiden machen ihre Beziehung öffentlich und stehen zueinander. Durch ihre Konsequenz beginnt die anfängliche Feindseligkeit von außen zu weichen. Leider endet der Film dann weniger glücklich. Aber der erste Teil kann Ihnen zeigen, was auch dieses Buch sagen soll: »Es ist Ihr Leben, ganz allein Ihr Leben.« Niemand wird Sie später entschädigen, wenn Sie heute darauf verzichten, es auszukosten. Wagen Sie es, sich selbst zu vertrauen, und machen Sie Ihre eigenen Erfahrungen. Und lassen Sie sich nicht – auch wenn es oft schwer ist – von Vorurteilen leiten.

Eifersucht

Wer seinem Partner auf Schritt und Tritt **nachspioniert,** dessen Terminkalender misstrauisch beäugt und ihn wegen jedes Lächelns, das er für andere Menschen übrig hat, der Untreue bezichtigt, begeht die Todsünde der besitzergreifenden Eifersucht. Da die **Untaten** in vollem Bewusstsein begangen werden, darf **keine Vergebung** erwartet werden.

»Da war doch was, ich kenn dich doch«

Düsseldorf: Sabine (32) kommt nicht mehr klar mit Thorstens Beschuldigungen (34).

Ich selbst weiß schon auch, wie sich Eifersucht anfühlt. Aber das, was mein Freund mit mir macht, ist nicht mehr zu ertragen. Er misstraut mir auf Schritt und Tritt. Er macht mir eine Szene nach der anderen. Dabei hat er es eigentlich gar nicht nötig. In meinen Augen ist er der schönste Mann der ganzen Welt. Aber seine furchtbare Eifersucht hat dazu geführt, dass ich ihm dann tatsächlich einmal einen Grund dafür gegeben habe.

Wie durch Magie erwachten wir und vögelten wieder

Thorsten rief mich eines Tages an, als seine Beziehung zu Ende gegangen war. Wir kannten uns flüchtig, ich war solo. Und ich hatte keine Lust mehr, nach einem Mann zu suchen. Zu aufwendig: Zuerst verliebt man sich, macht sich große Hoffnungen, und dann wartet doch wieder die nächste Enttäuschung. Da wollte ich lieber alleine sein und mich ganz auf meine Arbeit konzentrieren. Ich bin nämlich Pharmareferentin und entschlossen, meine Arbeit sehr, sehr gut zu machen. Deshalb habe ich es zuerst abgelehnt, mich mit Thorsten zu verabreden. Aber er ließ nicht locker und meldete sich immer wieder, bis ich nachgab und wir einfach eine Kleinigkeit zusammen essen wollten.

9 Eifersucht

*Es tat so gut, endlich mal wieder mit jemandem zu reden.
Ich vergaß meine Arbeit, meinen Vorsatz, und Thorsten gefiel mir
immer besser. Dabei hatte ich an dem Abend, als wir uns zum
Essen trafen, nicht einmal etwas getrunken. Beim Sprechen
rückten wir immer näher aneinander heran, wir berührten uns
gegenseitig, wenn wir dem anderen etwas erzählten, und irgendwann ließen wir uns gar nicht mehr los. Schließlich machte die
Gaststätte zu. Draußen war es winterlich kalt, und er nahm mich
in den Arm. Ich kann mich nicht mehr an alle Einzelheiten erinnern, aber wir gingen eng umschlungen von der Innenstadt zu Fuß
zu ihm nach Grafenberg. Eine ganz schön lange Strecke. Ich weiß
nur noch, wie wir alberten, dass wir jetzt zum Grafen in Grafenberg gehen. Wahrscheinlich freuten wir uns einfach ausgelassen
auf das, was nun kommen sollte.*

*Seine Wohnung war kahl. Sein Schlafzimmer bestand eigent-
lich auch nur aus einer Matratze auf dem Boden und einem langen, niedrigen Regal. Aber was mir bis heute so gut an ihm gefällt:
Er macht immer das Beste aus allem. Er legte im Nebenzimmer
Musik auf, holte ein paar Kerzen, und im Nu war alles gemütlich
und romantisch.*

*Auch unser Sex war so. Thorsten hat einen sehr schönen
Körper. Wir streichelten und küssten uns erst lange, bis ich es
kaum mehr aushalten konnte. Dann drang er in mich ein – und es
war der Himmel auf Erden. Er bewegte sich sehr geschickt in mir,
und ich konnte nicht genug davon bekommen, seinen schönen,
muskulösen Körper immer wieder zu streicheln und anzufassen.
Nicht jeder Mann bringt mich gleich zum Orgasmus. Aber hier
mit Thorsten war das überhaupt kein Problem.*

Wir schliefen ein, es war ja spät genug. Aber nicht lange. Wie durch Magie erwachten wir beide gleichzeitig mitten in der Nacht und vögelten wieder. Und am Morgen, es war so schön: Ich war ganz kurz vor ihm wach und schaute ihn an. Da öffnete er die Augen, sah mich, lächelte glücklich und meinte: »Hallo, Süße«. Und dann schliefen wir wieder miteinander.

Die nächsten zwei Wochen verbrachten wir jede Nacht miteinander. Ihn zu spüren und so schönen Sex mit ihm zu haben – das war wirklich ein Geschenk.

Der Haarkranz um seinen Schwanz leuchtete wie ein Heiligenschein

Dann musste er zum ersten Mal wegfahren. Für eine Woche. Thorsten ist immer viel unterwegs, mal auf Fortbildung, mal im Urlaub. Schon am ersten Tag vermisste ich ihn wie verrückt. In allen Menschen, die mir über den Weg liefen, entdeckte ich Einzelheiten von ihm. Der eine hatte eine ähnliche Figur, der andere eine ähnliche Haarfarbe und ein Dritter ein ähnliches Lachen. Aber bei niemandem trafen alle Merkmale so perfekt zusammen wie bei Thorsten. Und in meiner Erinnerung sah ich ihn nackt: den Haarkranz um seinen Schwanz, der beim Vögeln im Kerzenlicht wie ein Heiligenschein leuchtete. Oder den kleinen Leberfleck unter seinem Bauchnabel. Es war, als ob Thorsten mir Leben eingehaucht hätte, und jetzt stand ich da und wusste nicht, was ich mit all dem Leben tun sollte, außer mich nach ihm zu sehnen.

Das nächste Mal – mittlerweile war es Sommer – ist Thorsten für drei Wochen weggefahren. Nach Tokio. Ich träumte andauernd vom Wiedersehen. Ich malte mir aus, wie ich ihn am Flughafen

9 Eifersucht

abholen würde, besonders schön gemacht mit dem schlichten schwarzen Kleid, das meine Figur sehr gut betont und auch meine schöne, ebenmäßige Haut. Ich wollte ihm eine lange rote Rose geben. Wir würden uns küssen, ich würde seinen Ständer an meinen Schamlippen spüren und seine kräftigen Hände an meinem Nacken. Und dann auf dem Weg nach Grafenberg würde ich unterwegs bei der ersten besten Gelegenheit anhalten, und wir würden es nicht mehr aushalten und uns küssen und gleich schon im Auto übereinander herfallen. **Diese Fantasien hatten mich ganz feucht gemacht. Ich nahm meinen Dildo und stellte mir das Wiedersehen noch einmal mit vielen Einzelheiten vor.** An diesem Tag habe ich entdeckt, dass Fantasien die Sexualität bereichern. Denn mein Orgasmus war, sozusagen in Handarbeit, ziemlich gut. Zwar nicht so gut wie zusammen mit Thorsten, aber viel besser, als ich es sonst alleine hinbekomme.

Als Thorsten dann schon länger wieder in Düsseldorf war, hatte ich noch einmal ein ähnliches Erlebnis. Ich war schon sehr müde und eigentlich fast schon eingeschlafen. Da vögelten wir trotzdem noch einmal miteinander. Vielleicht hatte ich schon geträumt, jedenfalls bekam ich das Gefühl, von einem fremden Mann überwältigt zu werden. Mir war klar, dass ich in diesem Moment mit Thorsten schlief, ich war innerlich auch bei ihm, trotzdem kam es mir fast so vor, als sei es das erste Mal mit ihm. Es war unglaublich antörnend, ich hatte Sex mit meinem vertrauten Freund, und trotzdem war es etwas Neues. Als wir beide gekommen waren, erzählte ich ihm davon. Ich wollte ihn einfach teilhaben lassen.

Von nun an machte er sich viele Gedanken

Aber wie erstaunt war ich, als er völlig versteinert reagierte. Vielleicht hatte ich mich ungeschickt ausgedrückt. Für mich war es eigentlich ein Liebesbeweis, ihm davon zu erzählen. Ich hab in meinem Leben schon vieles gemacht, was mein jeweiliger Partner nicht unbedingt wissen sollte. Aber hier war nichts passiert, außer dass sich eine Fantasie einstellte, an der ich Thorsten sogar teilhaben lassen wollte. Doch es war definitiv der Wendepunkt in unserer so schönen Beziehung.

Von nun an machte er sich viele Gedanken. Was das wohl für ein Mann war, mit dem ich in der Fantasie geschlafen hatte? (Dass er es selbst war, wollte er mir nicht glauben.) Wie denn überhaupt meine Vergangenheit ausgesehen hatte? Wem ich treu gewesen war und wem nicht? Er wollte es immer noch genauer wissen. Ganz besonders schoss er sich auf meine erste große Liebe ein. Ich nenne ihn jetzt mal Mr. X. Meine Beziehung zu ihm war in der Tat mit der eigentlichen Trennung noch lange nicht richtig zu Ende gewesen. Wir waren immer wieder einmal miteinander ins Bett gegangen. Heute tun wir das nicht mehr, aber Mr. X hat trotzdem eine besondere Stellung in meinem Herzen. Jeder Mensch ist schließlich geprägt von seiner Vergangenheit und kann sie nicht einfach ausradieren. Und plötzlich war Thorsten von der Idee besessen, meine Fantasie damals sei Mr. X gewesen.

Aber damit nicht genug. Er kam zu dem Schluss, dass ich beziehungsunfähig und er nur die Generalprobe für eine richtige Beziehung sei. Es war wie in einem bösen Traum. Hatte ich schon gesagt, dass er Psychotherapeut ist? Er hat in diesem Bereich bestimmt großes Wissen, aber bei mir setzte er alles völlig falsch

9 Eifersucht

*zusammen. Erstaunlicherweise aber funktionierte der Sex immer
noch gut. Es war, als ob wir dann aus dem Albtraum aufwachten
und uns so sahen, wie wir eigentlich sind, ohne Misstrauen,
nur in Liebe. Aber kaum war der Sex zu Ende, fing Thorsten schon
wieder an: »Sag mal, Süße, da war doch was, ich kenn dich doch?
Wann hast du das letzte Mal mit Mr. X telefoniert? Willst du ihn
gerne wiedersehen?«*

Klar – Wodka und Würste als Platzhalter für Sperma und Ständer

*Es wurde immer noch schlimmer. Thorsten mischte sich mit
einem Mal auch in berufliche Kontakte ein und stand plötzlich
bei einem Geschäftsessen an unserem Tisch. Wir waren gerade
fertig, insofern machte es nicht so viel aus. Ich begleitete meinen
Geschäftspartner dann zur Tür und entschuldigte mich für das
Benehmen meines Freundes. Anschließend warf mir Thorsten vor,
ich hätte die Gelegenheit genutzt, meinem Geschäftspartner schnell
einen Zungenkuss zu geben und ihm zwischen die Beine zu greifen.
Überhaupt entwickelte er eine lebhafte Fantasie. Er bezichtigte
mich, meinen Handwerker zu verführen, um die Rechnungen zu
drücken. Die Nachbarn in meinem Haus waren sowieso alle schon
unter Verdacht. Er las auch heimlich in meinem Tagebuch und in
meinen E-Mails. Ein ausgelassenes Hochzeitsfest von Freunden aus
Krakau mit viel Wodka und polnischen Würsten deutete er als sexuelle Massenorgie. Ist ja auch jedem sofort klar: Wodka und Würste
als Platzhalter für Sperma und Ständer. Jetzt, beim Erzählen, muss
ich selbst darüber lachen. Aber damals verlor ich fast den Boden
unter den Füßen, weil es nichts mehr gab, was er mir glaubte.*

159

Es wurde so schlimm, dass ich meine innere Sicherheit völlig verlor. Schließlich ließ ich mich auf einer Geschäftsreise auf einen One-Night-Stand mit einem fremden Mann ein, nur aus Trotz, damit Thorsten endlich einmal einen Grund für seine Verdächtigungen hatte. Ich hab's dann doch für mich behalten. Denn es war vielleicht etwas unfair, weil auch Thorsten sehr unter seiner Eifersucht leidet. Ich liebe ihn immer noch, aber ich kann nicht mehr. Ich warte eigentlich nur noch auf den richtigen Moment, um ihm zu sagen, dass ich aufgebe, aus Erschöpfung.

Oswalt Kolle

ganz persönlich

»Er hätte professionelle Hilfe in Anspruch nehmen sollen«

Eifersucht ist ein gefährliches Gefühl. Die Einstellung »Ein bisschen Eifersucht darf doch sein« ist falsch. Denn auf dieser Basis können sich die missgünstigen Gefühle hochschaukeln – was allerdings den meisten Menschen nicht bewusst ist. Damals, zu »meiner Zeit«, waren wir alle der Meinung, Eifersucht sei ein tödliches Gift, das man nicht zulassen darf. Dazu stehe ich auch heute noch, wobei mir allerdings klar ist, dass sich meine Einstellung nicht auf andere Menschen übertragen lässt. Für mich gibt es genauso wenig ein bisschen Eifersucht, wie es ein bisschen Schwangerschaft gibt. Was der Eifersüchtige vielleicht noch als harmlos empfindet, ruiniert für den Partner unter Umständen die

9 **Eifersucht**

Beziehung. Und man muss nur eine beliebige Tageszeitung aufschlagen, um die fürchterlichsten Gräueltaten zu erfahren, die Menschen aus Eifersucht begehen. Nach meiner tiefsten Überzeugung ist die Eifersucht kein gutes Gefühl, sondern ein großes, grünäugiges Monster, das des Menschen Seele zerfrisst. Natürlich steht außer Frage, dass es die Eifersucht gibt. Und sie ist quälend – für den Eifersüchtigen selbst genauso wie für den eifersüchtig Beäugten. Und so haben wir allen Grund, gegen die Eifersucht anzukämpfen – notfalls auch mit professioneller Hilfe, also mit einer Psychotherapie oder Partnerberatung. Das hätte auch Thorsten tun sollen, und dabei ist es egal, ob er ungerechtfertigt eifersüchtig oder ob er der Meinung ist, einen tatsächlichen Grund zu haben. Denn mit Eifersucht macht man sich nur das Leben schwer, aber an der Situation ändert sie gar nichts.

Auf die Fantasie von Sabine hätte Thorsten sowieso nicht eifersüchtig sein dürfen: In den meisten Frauenfantasien spielen gesichtslose, anonyme Männer und Frauen eine Rolle sowie ganz unwahrscheinliche Situationen, etwa Gruppensex und sadomasochistische Fantasien, die eine Frau in der Wirklichkeit aber oft gar nicht ausleben will. Das schrieben mir Tausende von Frauen in ihren Briefen. Männer sind da anders: Die träumen nicht nur, die wollen es oft auch wissen.

Erfüllt Eifersucht einen Zweck, und wo liegen ihre Wurzeln?

»Eifersucht ist die Leidenschaft, die mit Eifer sucht, was Leiden schafft.« Mit diesem Sprichwort beschreibt der Volksmund gern das Wesen der Eifersucht. Doch auch Wissenschaftler aus verschiedenen Bereichen

161

haben sich mit dem Phänomen Eifersucht beschäftigt. Woher kommt sie? Welchen Sinn hat sie? Und kann man – gegebenenfalls – etwas dagegen tun? Diese und andere Fragen versuchen Anthropologen, Biologen, Evolutionsforscher, Genetiker, Mediziner und Psychologen zu beantworten.

Gene stehen im Wettstreit miteinander

Anthropologisch gesehen hat Eifersucht teilweise ihre Berechtigung. Das entsprechende wissenschaftliche Modell geht davon aus, dass zwei Partner sich treffen und sich umwerben, Kinder bekommen und zusammen großziehen, bis diese nach etwa vier Jahren der gröbsten Hilfsbedürftigkeit entwachsen sind. Die Eifersucht sorgt dafür, dass die Partner sich mit Argusaugen beobachten, um potenzielle Rivalen aus dem Feld schlagen zu können. Auf diese Weise will der Mann gewährleisten, dass die Nachkommen wirklich von ihm abstammen, und die Frau, dass sie nicht auf einmal alleine mit den Kindern dasteht, sondern dass sich der Vater an der Aufzucht beteiligt. Dabei geht es also nicht um Liebe und Zuneigung, sondern darum, die Nachkommenschaft zu gewährleisten und zu schützen.

Dieses Verhalten ist genetisch angelegt, durch das »Selfish Gene«, das eigennützige oder egoistische Gen: Nach dem Evolutionsbiologen Richard Dawkins stehen die Gene von Lebewesen, die sich sexuell vermehren, im Wettstreit miteinander. Denn das Genmaterial eines Individuums kann nicht als Ganzes an die nächste Generation weitergegeben werden, sondern nur jeweils in einer Auswahl. Insofern besteht eine Konkurrenz der Gene um die Weitergabe an die Nachkommen. Kein Gen wird zugunsten seiner Nebenbuhlerschaft zurücktreten wollen, sondern es will sich egoistisch durchsetzen, wobei »wollen« und

9 Eifersucht

»egoistisch« nur anschaulich gemeint sind, denn Gene haben natürlich keinen Willen und keine Gefühle. Die Eifersucht hat sich – als biologisch sinnvolle Einrichtung, wie oben beschrieben – im Lauf der Menschheitsgeschichte erhalten, beziehungsweise sie hat sich offenbar egoistisch und erfolgreich auf Kosten von anderen Genen durchgesetzt, denn sonst würden wir heute die Eifersucht nicht kennen. Die Veranlagung zur Eifersucht ist also genetisch bedingt, wobei sie dann noch individuell unterschiedlich ausgeprägt sein kann. Dennoch wäre es geradezu töricht, so zu tun, als gäbe es die Eifersucht nicht. Vielmehr ist man aufgefordert zu überlegen, in welcher Situation sie sinnvoll sein könnte und in welcher nicht.

In der Liebe gibt es drei Gefühlssysteme

Hier nun hilft uns die Anthropologin Helen Fisher aus New York City weiter. Sie ist der Auffassung, dass man die Liebe als drei voneinander unabhängige emotionale Systeme betrachten kann (die im Gehirn auf unterschiedliche neuronale Schaltkreise und hormonelle Beeinflussungen zurückgehen): 1. Lust, 2. Anziehung, 3. Verbundenheit. Die Lust oder der Sexualtrieb animiert laut Helen Fisher den Menschen dazu, sich mit irgendeinem passenden Sexualpartner zu vereinen. Das System der Anziehung zeichnet sich durch ein heftiges Verlangen nach einer gefühlsmäßigen Vereinigung mit einem speziellen Partner aus. Das System der Verbundenheit oder Kameradschaft schließlich ist durch ein Gefühl der Ruhe, der Sicherheit, des sozialen Behagens und des gefühlsmäßigen Einsseins gekennzeichnet.

Fisher kommt zu dem Schluss, dass sich die drei im Laufe unserer menschlichen Entwicklung zunehmend getrennt voneinander weiterentwickelt haben. Es scheint das Schicksal des Menschen zu sein, dass er neurologisch dazu in der Lage ist, mehr als einen Menschen zu lieben, schreibt sie. Man kann ein Gefühl tiefer Verbundenheit für einen festen Partner empfinden, den man auch von ganzem Herzen liebt. Und gleichzeitig kann man in einen Kollegen aus dem Büro oder in eine Frau aus dem Bekanntenkreis heftig verliebt sein. Und überdies kann man gegenüber einer dritten Person ein heftiges sexuelles Verlangen verspüren, mit der man noch kaum ein Wort geredet hat. In manchen langjährigen Beziehungen sind alle drei Aspekte oft zeitlich gestaffelt zu finden. Sabine und Thorsten befinden sich in ihrer frischen Verliebtheit eindeutig im System der Anziehung. Sie spüren ein heftiges Verlangen nacheinander, das Verlangen ist sogar dazu in der Lage, die starke Missstimmung auszugleichen. Das System der Anziehung, auch als »romantische Liebe« bekannt, besteht im Normalfall nicht länger als zwei bis vier Jahre. Danach treten andere Aspekte der Beziehung in den Vordergrund, oftmals ist es die Verbundenheit. (Es gibt natürlich Ausnahmen, und es ist durchaus möglich, auch in einer langjährigen Beziehung die sexuelle Lust aufrechtzuerhalten, siehe Kapitel 10.)

Um die Berechtigung von Eifersucht einzuschätzen, ist es nun wichtig, in welchem der drei Systeme sie auftaucht. Denn sie ist nicht überall sinnvoll. In einem rein sexuellen System hat die Eifersucht nichts zu suchen. Denn das rein sexuelle Verhältnis ist eher zur Triebbefriedigung gedacht. In einer langjährigen Ehe, in der die Verbundenheit stark ist, aber der sexuelle Wunsch abgeflacht ist, sollte die Eifersucht ebenfalls abgestellt werden. Einen biologischen Sinn hat die Eifersucht nur im System der Anziehung, also in dem System, bei dem es um einen bestimmten Partner geht, mit dem man auch ein Kind haben könnte. Und hier ist es in der Tat schwierig, gegen die Eifersucht anzukämpfen, aber es ist möglich, mit ihr umzugehen (siehe unsere Tipps).

In unserer Geschichte geht es dem ersten Anschein nach um diese Art von Eifersucht. Sabine und Thorsten kennen sich erst seit mehreren Monaten, sie fühlen sich voneinander angezogen und scheinen sich auf eine romantische Art zu lieben. In einem früheren Stadium der Evolution hätten sie jeden anderen möglichen Partner, der ihre Stelle einnehmen hätte können, mit Misstrauen beäugt und notfalls vertrieben. Aber es ist eher unwahrscheinlich, dass die beiden in dieser frisch verliebten Phase überhaupt Augen für jemand anderen haben. Insofern ist in dieser Zeit die Eifersucht zwar biologisch angelegt, aber von der Romantik her eher meist unbegründet. Auch das hätte sich Thorsten bewusst machen können.

Die krankhafte und die wahnhafte Eifersucht

Ein gewisses Maß an Eifersucht kann man also durchaus als normal bezeichnen, da die Eifersucht ja – wie wir gesehen haben – genetisch bedingt ist und damit zumindest in bestimmten Situation immer wieder einmal auftauchen kann. Wenn Sie zum Beispiel zusammen ausgehen und Ihr Partner flirtet vor Ihren Augen heftig mit einer anderen Person, wird wohl jeder Mensch eifersüchtig reagieren, sodass man dies als normal bezeichnen kann. Nun gibt es aber auch noch Formen der Eifersucht, die über das normale Maß hinausgehen, nämlich die krankhafte und die wahnhafte Eifersucht.

Diese beiden Formen unterscheiden sich von der normalen Eifersucht dahin gehend, dass die Betroffenen überhaupt nicht belehrbar sind, dass sie sich immer mehr in ihre Idee hineinsteigern. Bei der wahnhaften Eifersucht hält der Betroffene sogar dann an seiner Überzeugung fest, wenn man ihm einen realen Gegenbeweis liefert, zum Beispiel: »Deine Freundin kann den sowieso auf der Party nicht geküsst haben, denn sie war an dem Abend mit ihrer Freundin im Kino.« Bei einem Eifersuchtswahn handelt es sich also um eine inhaltliche Denkstörung. Meist ist sie in Begleitung einer Alkoholerkrankung zu finden. In der medizinischen Fachliteratur wurde auch beschrieben, dass Syphilis, Alzheimer-Erkrankung, Schilddrüsenüberfunktion, Multiple Sklerose, Creutzfeld-Jakob-Syndrom und Schädel-Hirn-Trauma zu Eifersuchtswahn führen können. Die betroffenen Menschen brauchen eine medizinische Therapie, um die Grunderkrankung, so weit es geht, behandeln zu lassen. Gelingt dies, dann verschwindet in der Folge auch der Eifersuchtswahn.

Etwas anderes ist die krankhafte Eifersucht. Sie wird auch als »überwertige Idee« bezeichnet und ist etwas anderes als der Wahn. Bei der überwertigen Idee handelt es sich um gefühlsmäßig stark besetzte Erlebnisinhalte, die das Denken in unsachlicher und einseitiger Weise beherrschen, ohne dass den Betroffenen dies bewusst wird. Im Gegensatz zu den wahnhaften Ideen bleiben Realitätskontrolle und logische Denkweise erhalten. Überwertige Ideen sind ein Merkmal von Menschen mit einer paranoiden Persönlichkeitsstörung, die generell unter Misstrauen, Argwohn und Empfindlichkeit gegenüber anderen Personen leiden. Eine Persönlichkeitsstörung wird im Allgemeinen durch eine Psychotherapie behandelt. Die Schilderung von Sabine deutet darauf hin, dass Thorsten an einer überwertigen Idee, also an der krankhaften Form der Eifersucht leidet. Eine wahnhafte Eifersucht scheint nicht vorzuliegen, da Sabine nichts von einer schweren Grunderkrakung (siehe oben) angedeutet hat.

Unserem Paar würden einige gemeinsame Therapiestunden helfen, bei denen unter fachkundiger Anleitung herausgearbeitet wird, ob Thorsten

9 Eifersucht

einen realen Grund für sein Misstrauen hat und wie Sabine sich verhalten könnte, um ihm seine Ängste zu nehmen. Gelingt das, würde auch seine krankhafte Eifersucht bald der Vergangenheit angehören.

DER HEISSE TIPP

Wie Sie Ihre Eifersucht analysieren und erträglich gestalten

Fragen Sie sich, *wenn Sie eifersüchtig sind*, ob es wirklich einen vernünftigen Grund für Ihre Eifersucht gibt. Ist es realistisch, dass Ihr Partner die Regeln der Beziehung verletzt und sich sexuell auf jemand anderen einlässt? Oder verdächtigen Sie ihn nur? Fragen Sie sich ganz ehrlich, ob vielleicht Erinnerungen aus der Kindheit hinter Ihren Verdächtigungen stehen. Mussten Sie zum Beispiel um die Liebe einer Person kämpfen, wurden aber zurückgewiesen? Dies alles kann ausschlaggebend dafür sein, dass Sie heute immer noch misstrauisch sind, wenn es um Gefühle geht. Gehen Sie in sich, und bitten Sie dann Ihren Partner, Ihnen seine Liebe deutlich zu zeigen.

Als Nächstes ist zu überlegen, in welcher Art von Gefühlssystem Sie sich mit Ihrem Partner befinden. Ist es eine rein sexuelle Beziehung? Dann machen Sie sich klar, dass Sie schöne Stunden zusammen erleben, aber dass ansonsten jeder von Ihnen seines Weges gehen darf.

Oder führen Sie eher eine kameradschaftliche Beziehung? Das heißt, Sie sind schon lange ein Paar, aber im Bett läuft kaum etwas? Sie

167

schlafen gelegentlich miteinander, um sich ein Vertrauen und eine menschliche Nähe zu beweisen, aber es ist nicht besonders prickelnd? Dann bringen Sie frischen Wind in die Beziehung (siehe Kapitel 10) oder lassen Ihren Partner seine erotischen Erfahrungen anderswo machen, und Sie handhaben es ebenso. Das ist nicht schwer, wenn man sich gegenseitig vertraut und wenn man gewisse Regeln einhält. Zum Beispiel kein Sex mit jemand anderem im Ehebett. Kein Sex mit jemandem aus dem Freundeskreis. Oder keine öffentliche Zurschaustellung des Verhältnisses. Halten Sie diese Regeln ein und gönnen Sie sich gegenseitig ein sexuelles Verhältnis.

Kommen wir nun zur romantischen Liebe. Hier ist die Eifersucht genetisch angelegt, Sie können sie also nicht abstellen, aber Sie können lernen, mit ihr umzugehen. Sie können auch dafür sorgen, dass Sie nicht zu sehr Besitz von Ihnen ergreift. Hierzu die wichtigste Regel: Schüren Sie Ihre Eifersucht nicht, indem Sie diese als ein edles Gefühl begreifen. Die Eifersucht ist nicht positiv, denn sie zerstört das Vertrauen, das die Grundlage für jede Beziehung darstellt.

Versuchen Sie als Selbsttherapie, sich an Ihre Kindheit zu erinnern. An die Eifersucht auf die Geschwister. An die Eifersucht auf eine Freundin, die plötzlich eine zweite Freundin hatte. Sie werden dann zugeben, dass dies keine positiven Gefühle waren. Entwicklungspsychologisch gesehen gehören sie aber ins Kindesalter – während Sie inzwischen erwachsener und reifer geworden sind!

Vergegenwärtigen Sie sich auch, worauf sich Ihre Eifersucht bezieht. Das ist keinesfalls immer nur ein potenzieller Sexualpartner, sondern Eifersucht kann auch das Hobby Ihres Partners, seine Leidenschaft für Autos oder seine Bücher und Internetkontakte betreffen. Das heißt, eigentlich alles, was der eine ohne den anderen macht. So können

9 Eifersucht

Sie erkennen, dass ein wesentlicher Teil der Eifersucht in dem Glauben besteht, einen Anspruch auf das Leben des anderen zu haben. Doch es gibt kein Eigentumsrecht in Bezug auf einen Menschen, auch nicht auf dessen Blicke, seine Fantasien und sexuellen Wünsche. Sie merken: Eifersucht geht auch mit dem Gedanken einher, Sie selbst seien der wichtigste Mensch des Universums, alles soll sich um Sie drehen. Andere Menschen können Ihnen nicht das Wasser reichen.

Oft hilft es auch einfach, sich darauf zu besinnen, dass Sie in erster Linie Sie selbst sind und dass der andere nur zusätzlich da ist. Sie sind und bleiben jedoch immer eine eigene Person, mit Ihrer eigenen Geschichte, Ihren eigenen Erinnerungen und Ihren eigenen Verbindungen in die Welt. Und das gilt auch für Ihren Partner.

Wenn Sie trotz dieser Tipps nicht mit Ihrer Eifersucht umgehen können, dann therapieren Sie sich mit dem Prinzip der paradoxen Intervention. Stellen Sie sich vor, wie Ihr Partner mit jemand anderem im Bett liegt, wie die beiden sich gegenseitig nackt streicheln, wie sie sich küssen. Anstatt also die Gedanken daran zu verdrängen, holen Sie solche Bilder bewusst hervor. Zunächst wird Sie die Vorstellung schmerzen. Mit der Zeit aber immunisieren Sie sich und sehen, dass die Welt nicht zusammenbricht. Sie sollten sich nur davor hüten, den Partner mit Ihrer Eifersucht zu stark zu konfrontieren.

Oft taucht die Eifersucht auch als ein Frühwarnsystem auf. Sie merken, dass etwas anders ist als sonst, aber wissen nicht, was sich geändert hat. Suchen Sie das Gespräch mit dem Partner, aber überlegen Sie sich auch, was geschehen würde, wenn es tatsächlich noch jemand anderes gäbe.

Überrumpelung

Wer behauptet, der Sex mit dem langjährigen Partner sei immer noch so toll wie am ersten Tag, **der lügt** so offenkundig, dass sich die Balken biegen. Wir sollten bei der **Suche nach Neuem** aber auch nicht mit der Tür ins Haus fallen und dem anderen von heute auf morgen die gewagtesten **Experimente** abverlangen. Das wäre eine Todsünde.

»Ich wollte dich doch nur überraschen«

Wartenburg: Heinz (54)
überrumpelt seine Ehefrau Jasmin (50).

Um zu erzählen, was ich erlebt habe, muss ich erst ein biss-chen ausholen. Ich bin in zweiter Ehe mit meiner Frau Jasmin zusammen. Seit 16 Jahren. Ich liebe sie immer noch. Aber im Bett war, ehrlich gesagt, der Pfiff raus. Wenn wir miteinander schlie-fen, lief das immer nach demselben Muster ab. Zuerst streichel-ten wir uns, ich fasste dann an ihre Scheide, sie an meinen Penis. Und wenn sie feucht war und ich einen Ständer hatte, drang ich in sie ein. Zuerst in der Missionarsstellung, dann wechselten wir die Position, und sie setzte sich auf mich. In dieser Stellung kam sie am besten zum Orgasmus. Dann nahm ich sie von hinten. Dabei war die Reibung so, dass ich gut stimuliert wurde. Ich spritzte ab, und wir legten uns schlafen.

Meiner Frau gefiel das richtig gut, wie leidenschaftlich ich war

Früher machten wir es mehrmals in der Woche miteinander, heute immerhin noch etwa einmal im Monat. Und obwohl die Handgriffe genau so sind, wie ich sie gern habe, bin ich unglück-lich, denn unser Sex ist langweilig. Um überhaupt einen Ständer zu kriegen, stelle ich mir dann vor, ich sei in einem Sexclub und

10 Überrumpelung

würde von einem netten Pärchen in die Kunst des Dreiers eingeführt. Oder ich träfe dort eine hübsche Singledame, die mich dann einfach vor den Augen aller anderen Gäste verführen würde. Und wenn ich Jasmin von hinten nehme, gönne ich mir die Fantasie, mit einer der unbekannten Frauen dort zu vögeln.

Und dann hat bei uns in der Gegend ein neuer Club aufgemacht. Eines Abends war ich zufällig in der Nähe, und die ersten Besucher fuhren vor. Ich wurde so scharf, als ich da quasi kurz davor stand, meine Fantasien Wirklichkeit werden zu lassen. Wer weiß, wenn ich die richtigen Anziehsachen dabeigehabt hätte, hätte mich wahrscheinlich niemand mehr aufhalten können. So aber fuhr ich aufgepeitscht nach Hause. Meiner Frau gefiel das richtig gut, wie leidenschaftlich ich war. Anschließend sagte sie mir, sie würde mich gar nicht wiedererkennen. Da brach es aus mir heraus: Ich erzählte ihr, dass ich etwas Tolles entdeckt hatte, womit ich sie überraschen wollte – einen Sexclub. Er sei die Lösung, damit würde der Sex zwischen uns wieder so frisch werden wie am Anfang. Ich gab zu, dass ich schon vor der Tür gestanden hatte, aber nicht hineingegangen war, weil ich unbedingt mit ihr zusammen hingehen wollte.

Sie schaute mich entsetzt an. »Was willst du? Mit anderen rummachen? Ich soll dir zugucken, wie du eine andere Frau vögelst, und das auch noch gut finden? Du spinnst! Das ekelt mich an!«

Oje, sie machte mir eine Szene. Das hatte ich nicht gewollt. Sie redet dann immer so hoch und schnell. Ich versuchte, sie zu beschwichtigen und das Ganze als blöde Idee abzutun. Ich sagte ihr, dass ich sie liebe und dass wir den Sexclub nicht brauchen. Wir sprachen nicht mehr darüber.

Von dem Moment an veränderte sich was an unserem Sex

Das ist alles, was ich über meine Todsünde zu sagen habe. Man kann nicht jahrelang immer das gleiche Programm abspulen und dann seinen Partner derart überrumpeln. Das werden wohl die wenigsten Menschen mitmachen.

Allerdings ist die Geschichte noch nicht zu Ende, und jetzt wird es erst richtig interessant. Meiner Frau hat der Gedanke offenbar keine Ruhe gelassen. Mein Geburtstag kam – und wie überrascht war ich, als ich aus einem roten Briefumschlag einen Flyer dieses Sexclubs herausholte. »Aber nur zum Schauen. Ich möchte keinen Partnertausch. Vielleicht gefällt es uns ja, und wir finden ein paar Anregungen für unser Sexleben«, stellte Jasmin klar.

Von dem Moment an veränderte sich etwas an unserem Sex. Wir mussten ja den Ausflug vorbereiten und sprachen viel darüber. Was für Leute werden da sein? Was ziehen wir dort an? In dem Prospekt stand, dass wir in normaler Kleidung ankommen und uns dann umziehen sollten. Die Frauen sollten Dessous tragen, die Männer einen schicken Slip oder Boxershorts.

Hm, das Aussuchen der Kleidung war schon mal nicht schlecht. Dann sprachen wir lange über die richtigen Schuhe. Jasmin würde hohe Stöckelschuhe tragen, so viel war klar. Aber ich? Was zieht ein Mann an, wenn er schick sein soll, aber kein Straßenschuhwerk tragen darf? Ich konnte ja schlecht in Adidas-Badelatschen rumlaufen. Ich habe mich für edle italienische Slipper entschieden, die fast zu fein waren, um sie draußen zu tragen.

Dann war es endlich so weit. Wir wurden im Eingangsbereich begrüßt und bekamen ein Glas Prosecco zur Entspannung. Bei der

10 Überrumpelung

Anmeldung nennt man nur seinen Vornamen. Eine junge Dame, übrigens normal angezogen, führte uns durch den Club. Es sah ein bisschen aus wie in einer Saunalandschaft. Überall saßen Leute in Dessous. Es gab eine Disco, ein Restaurant, einen Außenbereich mit einem Baumhaus. **Es gab große Spielwiesen und kleine Zimmer für Paare, die ungestört sein wollen.** *Es gab eine Ecke für SM und einen Darkroom. Unsere Begleiterin wies uns darauf hin, dass wir uns überall Handtücher nehmen können, denn wir sollten uns nicht nackt auf Stühlen oder Matten niederlassen. Dann waren wir uns selbst überlassen.*

Wir zogen uns um, es war wie im Gruppenraum eines Schwimmbads. Jeder hatte einen Spind. Jasmin nahm ihr Handtäschchen, und wir zogen los. Zuerst aßen wir eine Kleinigkeit. Das war noch nicht so prickelnd, auch wenn alle Leute wenig anhatten. Dann gingen wir zur Bar, um etwas zu trinken. Neben der Bar befand sich eine Tanzfläche. Wir fingen an zu tanzen und waren beide zuerst gehemmt. Wir wussten nicht so recht, wie man sich so fast nackt bewegt. Doch als wir sahen, wie ungeniert sich die anderen auf der Tanzfläche anfassten, gewannen wir Sicherheit. Wir tanzten sehr eng miteinander und ich hatte den Eindruck, dass es Jasmin mindestens genauso gefiel wie mir.

Die Luft ist erfüllt von Stöhnen und Schreien

Etwas später am Abend leerte sich die Tanzfläche. Wir wollten nun endlich die anderen Angebote des Clubs sehen und gingen zu einer sogenannten Spielwiese. Das ist ein großes Matratzenlager mit Platz für sechs bis zehn Pärchen. Hier findet man alles,

Zweier, Dreier, Vierer oder noch größere Gruppen. Es findet Partnertausch statt oder zwei schauen zu, wie es ihre jeweiligen Partner miteinander treiben. Das hat etwas sehr Erregendes, die Lust wird rausgelassen, die Luft ist erfüllt von Stöhnen und Schreien: Irgendjemand kommt immer gerade zum Höhepunkt oder ist auf dem Weg dorthin.

Wir suchten uns einen Platz am Rand. Das Licht war gedämpft, so sahen wir nicht alles im Detail. Aber man bekommt es schon mit. Die Leute wechseln auch dauernd. Manchmal schnappen sie sich ihre Dessous, gehen unter die Dusche und kommen dann frisch wieder zurück.

Eine Schlüsselszene für uns: Neben uns lagen zwei Pärchen, etwa Mitte 30. Einer der Männer war ein Schwarzer. Die Frauen vögelten erst mit ihrem eigenen Partner, dann wechselten sie und gingen hinüber zum anderen. Irgendwann waren sie fertig und haben sich einander vorgestellt. »Hallo, I'm Jim, this is Carla, ... Nice to meet you.« Und jedes Mal wenn wir jetzt dieses »Nice to meet you« hören, müssen wir an diese Szene denken und zwinkern uns verschwörerisch zu.

Wir beide haben auch auf der Spielweise gevögelt. Es waren immer auch Zuschauer da. *Die Wand hat Bull-*

augen, durch die man gucken kann. Deshalb war das ein besonderer Moment, als ich den Slip herunterstreifte und mich zeigte. Genau das war es, was mich ungemein anmachte: Einerseits das Voyeuristische, also andere zu beobachten. Und andererseits das Exhibitionistische, sich selbst auch zur Schau stellen. Ich hatte jedenfalls einen Dauerständer. Und dieses Mal fingen wir auch

10 Überrumpelung

nicht damit an, uns zuerst zu reiben und dann in die Missionarsstellung zu gehen. Wir waren so erregt, und gleichzeitig sollte uns nichts entgehen. So setzte ich mich hin, mit dem Rücken an die Wand gelehnt, und Jasmin setzte sich auf mich, mal mit dem Rücken zu mir, mal seitlich ... Alles war anders und neu. Wir vögelten langsam, und gleichzeitig redeten wir miteinander. »Schau mal, der da drüben, der kann nicht richtig lecken.« Oder: »Hast du die schon gesehen, die hat jede Menge Intimschmuck.« Oder: »Schau, der Mann dort, der will beim Vögeln die Frau neben ihm anfassen. Aber die legt seine Hand immer wieder weg.« Es gab also auch Spielregeln. Wer nicht will, will nicht. Das muss respektiert werden. Was wir nur nicht herausbekommen haben: Wie bahnt man einen Partnertausch an? Man kann ein Armband tragen, das signalisiert, dass man dazu bereit ist. Aber wie verständigt man sich dann? Das haben wir noch nicht herausgefunden.

Wir planen, bald wieder in unseren Sexclub zu gehen

Wir zogen weiter, jetzt wollten wir auch die härteren Sachen sehen. Da gab es einen Pranger. Eine Frau hatte ihren Kopf und ihre Arme hineinsperren lassen. Sie sah also nicht, was hinter ihr vor sich ging. Eine andere Frau war an einen Gynstuhl gefesselt. Beide Frauen hatten schon einige Interessenten, die auf sie warteten. Insgesamt gab es einen leichten Überschuss an Männern, aber auch Frauen nahmen sich ihrer bereitwillig an. So auch im sogenannten Tempel. Hier war das Licht sehr hell. Auf einer Art Altar lag eine Frau, und drei Männer befummelten und befriedigten sie gleichzeitig. Auch hier standen drei weitere Männer in einer Reihe und warteten. Bei diesen Geschichten gilt: Wer sich bewusst *ins Licht setzt, will nicht nur die spezielle Art von Sex, sondern will dabei auch ganz genau gesehen werden.*

Jasmin und ich schauten nun nur noch zu. Die vielen Reize lenkten uns so ab, dass wir selbst nicht mehr miteinander schliefen. Wir hatten außerdem vorab die Vereinbarung getroffen, uns auf niemand anderen einzulassen. Bei einem Paar im Club hatte einer die Regeln, wie weit er gehen wollte, offenbar nicht eingehalten, oder die beiden hatten sie vielleicht vorher nicht genau festgelegt. Das führte zu einer unschönen Szene. Dann ist so ein Erlebnis natürlich nicht beziehungsstärkend, sondern bewirkt genau das Gegenteil.

Kurz nach Mitternacht fuhren wir nach Hause. Müde, befriedigt, glücklich.

Wir sprachen noch lange über das Erlebnis. Uns fielen immer wieder neue Einzelheiten ein. So haben wir auch damit angefangen, uns beim Sex Fantasien zu erzählen, so nach dem Motto: »Erinnerst du dich an die Frau am Pranger, ihre Muschi glänzte schon richtig vor Feuchtigkeit.« Unser Sex wurde verruchter. Einmal gingen wir zusammen in eine Peepshow, da standen wir beide am Fenster und schauten rein. Das war allerdings nur ein billiger Abklatsch der Ereignisse im Sexclub. Ein anderes Mal fuhren wir auf einen Autobahnparkplatz, an dem öffentlicher Sex stattfinden soll. Im Internet wird bekannt gegeben, wo das Ereignis stattfinden soll. Das war prickelnd, denn es hätte ja jeden Moment jemand kommen können, der nicht dazugehört. Aber uns gefielen die Menschen nicht so sehr, die sich hier vergnügten. Und deshalb planen wir, bald wieder einmal in unseren Sexclub zu gehen.

Ich bin Jasmin sehr dankbar, dass sie Verständnis für meine Wünsche hatte, trotz der Art, wie ich sie damit überfallen hatte.

Oswalt Kolle

ganz persönlich

»Ein außergewöhnlicher Vorschlag kann das Sexualleben stark bereichern«

Wenn Ihre Beziehung bereits einen Grauschleier hat, dann sollten Sie schleunigst etwas dagegen tun. Stellen Sie Ihren Partner aber nicht einfach vor vollendete neue Tatsachen. Nicht jeder ist für gewagte Überraschungen im sexuellen Bereich zu haben. Die meisten Menschen wüssten gern vorher, was sie erwartet und worauf sie sich einlassen. Sonst fühlen sie sich verunsichert. Und wenn Sie gewagte Vorschläge ansprechen, sollten Sie behutsam vorgehen und nicht riskieren, gegen die Moral- und Wertvorstellungen des Partners zu verstoßen. Niemand freut sich, wenn er mal soeben sein Lebenskonzept komplett neu überdenken darf, nur weil Sie sich das so vorstellen oder weil er sich bedingungslos Ihren erotischen Vorstellungen anpassen soll. Deswegen funktioniert eine tolle Überraschung nur bei vollständigem Einverständnis und Lust beider Partner.

Ich rede hier nicht davon, sich ein neues Dessousteil zu kaufen oder eine andere Stellung ausprobieren. Sondern ich rede von Sexclubs, Orgien, Auspeitschungen oder von einer neuen, vulgären Sprache. Oder auch davon, dass Sie vom Partner oder der Partnerin verlangen, sich mit dem von Ihnen zur Überraschung aufs Bett gelegten Gummianzug und einer Maske unkenntlich zu machen. Solche Überraschungen schlagen im Allgemeinen fehl. Der Partner wird verunsichert. Er stellt Ihre gemeinsame Zeit infrage und zweifelt daran, ob er Sie wirklich kennt. Das ist eine schlechte Voraussetzung, Ihnen und Ihren neuen Vorschlägen zu trauen.

Verunsicherung, Zweifel, Erschütterung des Vertrauens – das waren auch die anfänglichen Probleme von Jasmin. Sie hatte ja keine Ahnung davon, was ihren Mann schon seit Jahren beschäftigte. Und nun sollte sie mit einem Schlag alles nachempfinden können und gleich auch noch gut finden. Das funktioniert so nicht. Jasmin war verständlicherweise erst einmal abgeschreckt. Doch dann hat sie wirklich etwas Großartiges geleistet: Sie hat verstanden, dass ihr Mann seine geheimen Wünsche nicht länger für sich behalten wollte, und dies als Liebesbeweis erkannt. Heinz wollte seine Fantasien mit ihr teilen, er wollte wieder Gemeinsamkeit mit ihr, nur deswegen »brach« es aus ihm heraus. Seine Ungeschicklichkeit beim Äußern seines Vorschlages ist leicht zu erklären: Er war einfach erleichtert, als er sich endlich traute, ihr alles zu sagen, und konnte in seinem Drang nicht auch noch Zeit für diplomatische Formulierungen finden. Das alles hat Jasmin gespürt.

Es spricht für die Beziehung von Jasmin und Heinz, dass sie seine wahre Motivation erkannt hat und das Vertrauen in ihn wiederfand. Das Vertrauen ist ja ohnehin die Basis, um sich gemeinsam in neue, unbekannte Gebiete vorzuwagen. Überraschungen wollen also sensibel vorbereitet sein, damit sich die oder der andere in Gedanken langsam auf die neue Möglichkeit einstellen kann. Dann aber kann ein außergewöhnlicher Vorschlag das Sexualleben von zwei Menschen, die sich lieben, stark bereichern.

Was ist erotische Intelligenz, und wie wichtig ist Dynamik?

Wenn zwei Menschen zu einem Paar werden, ist es ihr Bestreben, sich gut kennenzulernen und Harmonie und Vertrautheit anzustreben. Dies ist ein Grundbedürfnis, gesteuert von bestimmten Hormonen. Damit kommen aber andere Bestrebungen, nämlich Neugierde befriedigen und die Suche nach Neuem, mit der Zeit zu kurz. Je mehr sich die Beziehung verfestigt, desto mehr wird der andere Bereich aus unserem Leben ausgeschlossen. Eine Zeit lang kann das gut gehen, da sind die Liebe und das Glück über die Partnerschaft wichtiger als der Trieb nach dem Neuen. Irgendwann aber beginnt dieses Gefüge zu kippen. Das ist der Moment, in dem sich Paare trennen, eine Außenbeziehung eingehen oder aber etwas Neues in die gewohnte Beziehung einfließen lassen.

Guter Sex ist auch mit dem vertrauten Partner möglich

Der Sexualtherapeut und Psychoanalytiker Jack Morin aus San Francisco hat vor etwa zehn Jahren in seinem Buch »Erotische Intelligenz« beschrieben, warum emotionale Nähe die sexuelle Leidenschaft eher zerstört als anfacht: Wir finden jemanden attraktiver, wenn er getrennt von uns existiert, als wenn er sozusagen Teil unseres Selbst wird. Der Reiz des Neuen ist eine wesentliche Voraussetzung für guten Sex.

Aber dieses Prinzip, »der Reiz des Neuen«, muss nicht zwangsläufig dazu führen, dass Sex nur mit neuen Partnern gut und interessant ist. Guter Sex ist auch mit dem »alten« und vertrauten Partner möglich – vorausgesetzt, beide trauen sich, ihre Wünsche zu äußern. Dabei geht es nicht unbedingt darum, immerwährende Harmonie im Bett anzustreben, sondern darum, die jeweils unterschiedlichen Wünsche der Partner als gleichwertig zu akzeptieren. Mit dieser erotisch intelligenten Einstellung muss sich keiner den Wünschen des anderen unterordnen. Er kann sie freiwillig erfüllen. Aber er muss sie sich nicht zu eigen machen. Dieses Prinzip wird von dem US-Sexualforscher David Schnarch als »Differenzierungskonzept« bezeichnet. Danach sein Sexualleben auszurichten, ist auf jeden Fall von Vorteil, so der Forscher: »Denn entweder treffen die Wünsche auf eine Gleichgesinnung im Partner. Dann werden sie umso lieber ausgeführt. Oder sie treffen auf Unverständnis. Dann ist es das Fremde, was den anderen weiterhin anziehend macht.« Da sich Wünsche weiterentwickeln und verändern, kann auch in einer langjährigen Partnerschaft immer wieder ein fremder Aspekt auftauchen, und die Beziehung bleibt dynamisch.

Mehr sexuelle Ideen als Zeit und Gelegenheit, sie auszuleben

Diese Idee hat der Psychotherapeut Ulrich Clement in seinem Buch »Systemische Sexualtherapie« aufgegriffen und dargestellt: Menschen kommunizieren nur über einen kleinen Teil ihrer sexuellen Wünsche miteinander und behalten den weitaus größeren Teil für sich, schreibt er sinngemäß. Das heißt aber, es gibt ein weitaus größeres sexuelles Spektrum als jenes, das wir dem anderen und oft genug auch uns selbst gegenüber offenbaren. Und so wäre es für die eigene und die gemeinsame Sexualität sehr bereichernd, wenn wir diese Wünsche klar zum Ausdruck brächten. Würden wir uns trauen, den Zugang zu unseren Wünschen zu finden, hätten zwei Menschen innerhalb einer Beziehung mehr sexuelle Ideen als Zeit und Gelegenheit, diese jemals auszuleben. Es müsste also in einer Beziehung niemals Langeweile einkehren, sie wäre immerzu dynamisch – außer eben wenn man sich nicht traut, seine Wünsche zu erkennen und sie dem anderen zu offenbaren. Allerdings sollte Letzteres sensibel geschehen, wie uns die Erzählung von Heinz gezeigt hat.

Die eigenen unausgesprochenen Wünsche offenbaren sich einem im Laufe des Lebens mit zunehmender Erfahrung. Mit 16 hat man nicht die gleichen Bedürfnisse und Vorstellungen wie mit 36 oder mit 66. Die neuen Wünsche brauchen Zeit, um zu reifen, und dann erfordert es noch einmal Zeit, bis wir sie ausdrücken können. Und deswegen wird es in der Sexualität nicht langweilig werden, sofern man sich ihr gern hingibt und offen für neue Entwicklungen ist.

Die Sexclub-Geschichte von Heinz und Jasmin ist ein sehr schönes Beispiel für zwei Menschen, die sich trauen, ihren Neigungen nachzugehen. Andere Menschen gehen andere Wege.

DER HEISSE TIPP

Wie Sie angenehme Überraschungen in Ihre Beziehung bringen

Platzen Sie nicht mit Ihren wildesten sexuellen Fantasien heraus. Packen Sie die Sache lieber langsam an, damit sich Ihr Partner an Ihre noch unbekannte Seite gewöhnen kann. Führen Sie ihn Schritt für Schritt an neue Möglichkeiten heran, implementieren Sie immer nur kleine Veränderungen. Denn Sie wollen ja nicht erreichen, dass sich Ihr Partner überfordert fühlt und sich von Ihnen zurückzieht.

Beginnen Sie damit, ihm von Träumen oder Filmepisoden zu erzählen, die Sie erregt haben. Schmücken Sie das Ganze so aus, wie Sie es sich wirklich ersehnen. Das reicht fürs Erste. Außer natürlich, Ihr Partner oder Ihre Partnerin greift Ihre Erzählungen begeistert auf und ist gar nicht zu stoppen mit eigenen Ideen. Aber auch wenn sich die andere Person zurückhaltend verhält, weiß sie jetzt immerhin, dass in Ihnen so einige Ideen schlummern. Ein anderes Mal knüpfen Sie daran an und fragen, ob sich Ihr Partner vorstellen kann, bestimmte Spiele mit Ihnen auszuüben, ob er oder sie es erregend findet, von Fesselspielen, Augenverbinden, Schlägen auf den Po, heimlichem Sex an öffentlichen Orten, Analverkehr oder Sex mit mehreren zu hören.

Probieren Sie, die Angstschwelle beim anderen zu überwinden, indem Sie deutlich machen, dass Sie solche sexuellen Vorstellungen nicht unbedingt in der Realität ausführen müssen, sondern dass es genügen kann, sie im Gespräch auszuspielen. Und dies tun Sie dann, während Sie gerade leidenschaftlich ineinander verschlungen sind. Bei diesem Dirty Talk spüren Sie sofort, ob der andere nur höflich zuhört oder ob ihn Ihre Fantasien weiter anfeuern. Wenn nicht, können Sie ja wieder aufhören zu reden. Wenn er aber darauf eingeht, haben Sie ein Tor geöffnet für eine neue Dimension Ihrer Sexualität.

Und hier noch ein paar Worte speziell für Sie, liebe Frauen: Sie wissen wahrscheinlich, dass Männer zwar selbst gerne heiße Sexwünsche äußern, aber manchmal merkwürdig reagieren, wenn der Wunsch nicht von ihnen selbst stammt. Tun Sie deshalb so, als sei das seine Idee. Das geht ganz einfach: Wenn er den tollen Sex mit Ihnen lobt, dann greifen Sie das auf und sagen, Sie hätten den Eindruck, dass ihm dieses oder

10 Überrumpelung

jenes auch noch ganz gut gefallen könnte. Erzählen Sie ihm dabei, sozusagen durch die Blume, was Sie gerne möchten. Oder wenn er sich beschwert, dass der Besuch bei Ihren Eltern immer so furchtbar langweilig ist, dann folgen Sie ihm bei nächster Gelegenheit ins Bad, um seinem Penis einmal kurz Hallo zu sagen. Aus der Begrüßung mit Händen oder Lippen wird vielleicht ein richtiger Quickie. Aber nicht zu laut stöhnen, sonst steht das weitere Kaffeetrinken unter keinem guten Stern. Und bei nächster Gelegenheit eröffnen Sie ihm, dass es Ihnen gut gefallen hat, was *er* bei Ihren Eltern mit Ihnen gemacht hat und dass er Sie gerne auch einmal an anderen Orten verführen darf. Das ist die hohe Kunst, auf die es ankommt.

Wenn Sie neue Dinge ausprobieren, ist es wichtig, Regeln zu vereinbaren und sich strikt daran zu halten. Wenn Sie zum Beispiel zum ersten Mal Analverkehr machen, muss sich die Frau hundertprozentig darauf verlassen können, dass der Mann auf ihren Wunsch hin seinen Penis sofort herauszieht, weil es schmerzt. Es muss auch klar sein, dass keine Verpflichtung herrscht, die neue Variante immer wieder auszuüben, wenn einer der beiden Beteiligten keinen Gefallen daran findet. Und es ist durchaus nicht so, dass durch die Neuerungen »normaler Sex« nicht mehr genussvoll wäre. Das neue Erlebnis ist in jedem Fall etwas Besonderes, auch wenn es einmalig bleibt.

Nach dem Besuch eines Swingerclubs beispielsweise bekommt die Beziehung neue Impulse, die man in der Partnerschaft immer mal wieder besprechen sollte. Denn es kann sehr anregend sein, die Erlebnisse noch einmal in Erinnerung zu rufen und sich gegenseitig zu fragen: »Welche Momente haben dir am besten gefallen? Was hat dich am meisten erregt? Wann hast du gedacht, das könnte mir auch gefallen? Die Ergebnisse können Sie dann in das Sexleben zu Hause einbringen, indem Sie danach handeln, aber auch als Dirty Talking während des Sexualaktes. Erzählen Sie sich die schärfsten Erlebnisse und malen Sie diese in allen Einzelheiten aus – und die dürfen auch über das Erlebte hinausgehen.

Versuchen Sie auch, den tantrischen Gedanken zu verinnerlichen: Nicht der Abschluss, der Orgasmus, ist das Ziel, sondern der Weg dahin. Die Betonung liegt auch nicht auf verstärkter Stimulation, sondern darauf, für immer feinere Empfindungen im ganzen Körper bewusster zu werden. Dazu ist es wichtig, seine eigenen Reaktionen und die des Partners gut zu kennen. Im Tantra werden deshalb Selbstlieberituale empfohlen. Margo Anand, die international bekannte Tantra-Lehrerin, beschreibt sehr schön solche Rituale, etwa so: Entkleiden Sie sich, spreizen Sie die Beine und betrachten Sie Ihre Genitalien im Spiegel. Streicheln Sie sie und prägen Sie sich ihr Aussehen ein. Schließen Sie die Augen und schauen Sie, ob das Bild Ihrer Genitalien vor Ihrem inneren Auge vorhanden ist. Das wiederholen Sie so oft, bis sie Ihre Genitalien auch bei geschlossenen Augen deutlich vor sich sehen. Nun reiben Sie sich ganz sinnlich mit Öl ein. Suchen Sie nach neuen Orten der Lust: Brustwarzen, Hals, Innenseiten der Oberschenkel. Ihr ganzer Körper hat das Potenzial, Lust zu empfinden und orgastisch zu sein. Rufen Sie nun ein angenehmes Ereignis aus Ihrem Leben ins Gedächtnis und genießen Sie das kribbelnde Gefühl, das sich einstellt. Streicheln Sie sich weiter. Denken Sie an Ihren Liebhaber, jetzt übernehmen Sie seine Rolle. Überlassen Sie Ihrem Körper die Führung und finden Sie selbst heraus, welche erotischen Punkte Ihnen gefallen. Führen Sie sich selbst bis kurz vor den Orgasmus. Machen Sie diese Übung zunächst einmal allein und dann in Gegenwart des Liebsten. Das ist ein sehr wichtiger Schritt, Ihr intimes erotisches Vergnügen auch dann zu erleben,

10 Überrumpelung

wenn Ihr Partner zuschaut und Ihnen seine volle Achtsamkeit und Liebe schenkt. Danach tauschen Sie die Rollen.

Beim Tantra geht es weniger um neue Techniken, Stellungen und Reize, sondern darum, gemeinsam für die Dauer des Sexualaktes in einen anderen Bewusstseinszustand zu geraten. Dann sind nicht mehr die Zeiger der Uhr die Maßeinheit für das Leben, sondern die Dimensionen der Lust. Man erkennt sich, sieht sich und erlebt eine Nähe miteinander, die im normalen Leben nicht auszuhalten wäre. Nach diesem Zustand kann man süchtig werden, und das kann das Feuer der Leidenschaft immer wieder von Neuem entfachen. Und auch speziell diese Art von Sexualität macht es möglich, dass der andere, den man fünf, zehn, 20 oder 40 Jahre kennt, mit immer größerer Intensität geliebt und begehrt wird.

Nachruf

Oswalt Kolle ist tot. Er starb am 24. September 2010 und jetzt, während ich diese Zeilen schreibe, bin ich immer noch von seinem Tod ergriffen. Wir haben quasi bis zu seiner letzten Minute gemeinsam an diesem Buch gearbeitet.

Am Anfang der Zusammenarbeit gab es viele Telefonate. Dann besprach Oswalt Bänder und schickte sie von Amsterdam nach Icking, denn das Schreiben fiel ihm wegen eines Augenleidens schwer. (Die diktierten Bänder bewahre ich nun wie ein Heiligtum auf.) Nach der Diktierphase verbrachten wir einige gemeinsame Arbeitstage und gingen alle Texte zusammen durch. Das war im August 2010. Damals hatte Oswalt Schwierigkeiten mit dem Luftholen und musste zum Reden ein Sauerstoffgerät benutzen. Sein Arzt war entsetzt, wenn er uns wieder beim Arbeiten »erwischte«. Aber Oswalt war nun einmal wie ein altes Zirkuspferd. Wenn die Musik angeht, setzt es sich in Bewegung, auch wenn die Gelenke knarzen.

Die letzte Phase unserer Bucharbeit erledigten wir wieder telefonisch. Seine Tochter Nele erzählte mir später, dass Oswalts letztes langes Gespräch ein Telefonat mit mir gewesen sei und dass es ihm gutgetan habe. Ich hatte ihm beschrieben, wie das Buchcover nun aussieht. Es gefiel ihm, ja, er war Feuer und Flamme. Dann hatte ich noch eine Frage zum Buch und entschuldigte mich fast dafür, ihn mit Banalitäten zu belasten. Er entgegnete mit einer Geschichte von einer Freundin, die sich auch immerzu entschuldigte. Eines Tages rügte Oswalt sie: »Du sollst dich doch nicht mehr dauernd entschuldigen.« Sie darauf: »Oh, Entschuldigung, das habe ich ganz vergessen.«

Nachruf

So war er. Selbst auf dem Sterbebett munterte er Menschen noch auf. Und selbst auf dem Sterbebett sah er die Welt nicht mit der rosarot gefärbten Harmoniebrille. »Für manche Probleme gibt es keine Lösung. Wenn zwei Menschen etwas völlig Gegensätzliches wollen, muss man entweder die Differenz aushalten oder sich trennen«, meinte er. Er ging übrigens völlig gefasst aus dieser Welt. Er hatte in Holland den sogenannten Euthanasiepass erworben, der es erlaubte, im Fall von schlimmen Schmerzen bei einer hoffnungslosen Krankheit das Sterben zu erleichtern. Der natürliche Tod ist diesem Schritt dann aber zuvorgekommen. »Das selbstbestimmte Sterben« sollte übrigens das Thema unseres nächsten gemeinsamen Buches sein.

Als Motto der Trauerfeier hatte er sich ein Zitat von Rainer Maria Rilke gewünscht: »Herr: Es ist Zeit. Der Sommer war sehr groß.« Groß – das kann man über Oswalt Kolles Leben sicher sagen. Er hat viel bewegt. Er hat Deutschland von der sexuellen Verklemmung befreit und die »68er« eingeleitet, obwohl er mit der Rigorosität der damaligen Akteure nicht einer Meinung war. »Ein dickes Brett muss man langsam bohren«, sagte er einmal zu mir. Und: »Eine Jahrhunderte lange sexuelle Verklemmung lässt sich nicht in ein paar Jahren demonstrierter sexueller Freiheit aufbrechen«. Er selbst hat stetig daran gearbeitet, und so ist er wohl unwidersprochen zum Chefaufklärer Deutschlands geworden.

Ich bin traurig. Aber Oswalt Kolle lebt weiter. Unter anderem mit diesem Buch, das er als sein Testament und sein Erbe bezeichnet hat. Diesem Mann haben wir so viel Freiheit zu verdanken.

Icking, im November 2010
Beatrice Wagner

Die Autoren

Oswalt Kolle (1928–2010) war Journalist und Filmproduzent. Als Sohn des renommierten Psychiaters Kurt Kolle machte er schon früh die Bekanntschaft mit sexuellen Themen, er sollte nämlich für seinen Vater Auszüge aus dem »Kinsey-Report« ins Deutsche übersetzen. Sein außerordentliches Schreibtalent öffnete ihm später die Türen in die Redaktionsstuben. 1951 wurde er Lokalchef der »Frankfurter Nachtausgabe« und schließlich stellvertretender Chefredakteur der »Star Revue«. In den 1960er- und 1970er-Jahren war Kolle maßgeblich an der Popularisierung der sexuellen Aufklärung beteiligt. Er war Verfasser zahlreicher Artikel, Bücher und sonstiger Publikationen über Sexualität. Seine wichtigsten Bücher »Dein Mann, das unbekannte Wesen«, »Deine Frau, das unbekannte Wesen« waren international erfolgreich. Zwischen 1968 und 1972 war Kolle Produzent verschiedener Aufklärungsfilme. Trotz heftiger Kritik sorgten sie für gefüllte Kinosäle – weltweit 140 Millionen Zuschauer.

Kolle lebte seit den 1970er Jahren in Amsterdam. Er hatte drei Kinder und war seit 2000 verwitwet. Bis kurz vor seinem Tode war er weiterhin als Publizist tätig.

Dr. Beatrice Wagner (geb. 1963) ist Autorin und Medizinjournalistin. Sie arbeitet für nationale und internationale Publikationen, mit den Schwerpunkten Liebe und Sexualität sowie Hirnforschung. Weiterhin ist sie Lehrbeauftragte für Medizinische Psychologie an der Ludwig-Maximilians-Universität in München. Über das Thema Sexualität schreibt sie seit über 20 Jahren, sowohl für die Ärzte- als auch für die Laienpresse. So hat sie auch Oswalt Kolle kennengelernt, und seit 2007 arbeitete sie intensiv mit ihm gemeinsam an mehreren Publikationen und Vorträgen. Dr. Wagner führt eine erfolgreiche Praxis für Psychotherapie, Schwerpunkt Sexualprobleme.

Bücher, die weiterhelfen

Anand, Margo: Tantra oder Die Kunst der sexuellen Ekstase (Goldmann Verlag). Diese Frau hat das Tantra in unserem Kulturkreis bekannt gemacht.

Clement, Ulrich: Systemische Sexualtherapie (Klett-Cotta): Sexuelle Störungen beruhen nicht immer nur auf dem Problem einer »Paarhälfte«, sondern werden neuerdings auch im System der Beziehung gesehen.

Fisher, Helen: Warum wir lieben … (Knaur). Dieses Buch ist eine Gebrauchsanleitung für die Liebe auf der Basis von vielen Studien.

Kolle, Oswalt: Ich bin so frei (Rowohlt). Eine Autobiografie mit viel Sprachwitz über den Werdegang vom Landwirtslehrling zum Chefaufklärer.

Kruse, Andreas: Zukunft Altern. Gesellschaftliche und individuelle Weichenstellungen (Spektrum Akademischer Verlag). Dieses Buch erlaubt Einblicke in die Erkenntnisse des wichtigsten deutschen Altersforschers.

Nuber, Ursula: Was Paare wissen müssen (Fischer). Die Paartherapeutin und stellvertretende Chefredakteurin von Psychologie Heute schreibt über Zehn Gebote für das Leben zu zweit.

Pöppel, Ernst & Wagner, Beatrice: Je älter desto besser (Gräfe und Unzer). Das spannende Buch über das Älterwerden enthält auch ein Interview mit Oswalt Kolle.

Schnarch, David: Die Psychologie sexueller Leidenschaft (Piper). Dieses Buch über das Differenzierungskonzept ermutigt Partner, sie selbst zu sein.

Yovell, Yoram: Liebe und andere Krankheiten (btb Verlag). Ein Psychotherapeut aus New York schreibt über das irrlichternde Gefühl der Liebe.

Zur Nieden, Sabine: Weibliche Ejakulation (Psychosozial-Verlag). Die Ärztin und Sexualtherapeutin gibt medizinischen und kulturellen Aufschluss über die weibliche Ejakulation auf der Grundlage von vielen Befragungen.

IMPRESSUM

© 2011 GRÄFE UND UNZER VERLAG GMBH, München
Alle Rechte vorbehalten
ISBN: 978-3-8338-2238-4

Projektleitung: Anja Schmidt
Lektorat: Ulrike Auras
Umschlaggestaltung: Hilden Design, München / www.hildendesign.de
Innenlayout: Claudia Hautkappe, München
Satz: Nadine Thiel | kreativsatz, Baldham
Druck und Bindung: Ludwig Auer GmbH, Donauwörth

Fotos: Astrid Obert

2. Auflage 2011
www.graefeundunzer-verlag.de

Ein Unternehmen der
GANSKE VERLAGSGRUPPE